3 데이즈 *in* 헬싱키

모리 유리코 지음

3 DAYS in Helsinki

목차 Contents

- 4   프롤로그
- 6   핀란드는 어떤 나라일까?
- 12   여행 정보
- 13   헬싱키의 대중교통
- 14   기초 핀란드어

DAY 1   핀란드 명소 투어

- 16   핀란드 빵으로 맛있는 아침 식사
- 18   새로운 스타일의 커피전문점
- 20   다시 발견하는 북유럽 디자인의 매력
- 28   오래된 카페에서 수프 런치
- 30   보고 또 봐도 귀여운 본고장의 마리메꼬
- 32   알바 알토의 건축물 견학
- 34   디자인 디스트릭트 중심지 둘러보기
- 38   나날이 진화하는 최신 맛집 탐방
- 42   오늘의 루트 지도

DAY 2   핀란드의 일상

- 46   바리스타 챔피언의 카페에서 맛있는 커피 한 잔
- 50   역사를 간직한 아기자기한 마을 산책
- 52   화제의 테우라스타모에서 점심 식사
- 54   요즘 가장 주목받는 동네 칼리오 산책
- 60   스타일리시한 대중 음식 맛집 탐방
- 62   슈퍼마켓에서 나이트 쇼핑하기
- 64   북유럽 크래프트 맥주로 건배하기
- 68   오늘의 루트 지도

Column

- 19 북유럽의 아침 식사
- 26 진화하는 핀란드 디자인
- 44 핀란드의 귀여운 간식 뿔라와 뭉끼를 먹자!
- 48 바리스타 챔피언에게 듣는 핀란드의 커피 이야기
- 70 곰이 좋아!
- 80 북유럽 빈티지 홀릭
- 97 핀란드의 미식 이야기
- 100 핀란드 대표 먹거리 BEST 3

핀란드의 전통 / DAY 3

- 72 딸기와 피로시키 먹으러 아침 시장 가기
- 76 귀여운 우표로 편지 보내기
- 78 벼룩시장에서 빈티지 찾기
- 82 행복한 한 때 주말 브런치 즐기기
- 86 아라비아에서 핀란드 생활 엿보기
- 90 숲에 온 기분으로 휴식하기
- 92 백화점에서 효율적인 막간 쇼핑
- 94 변치 않는 전통의 맛 느끼기
- 98 오늘의 루트 지도

조금 더 핀란드를 즐기고 싶다면 / 번외편

- 102 푸드 페스티벌 레스토랑 데이
- 104 아름다운 유리가 태어나는 장소 이딸라로
- 108 오직 헬싱키에서만 가능한 마리메꼬한 하루
- 110 이곳이 무민의 본고장
- 112 페리를 타고 스웨덴으로
- 114 계절 한정 이벤트
- 116 깜찍하고! 맛있는! 핀란드 기념품 리스트
- 118 전체 지도

- 120 현지인이 추천하는 숨겨진 명소들
- 123 제가 묵어봤습니다! 헬싱키의 호텔
- 124 3일 동안 헬싱키 한 바퀴 with 핀에어

- 126 핀란드인이 되는 방법

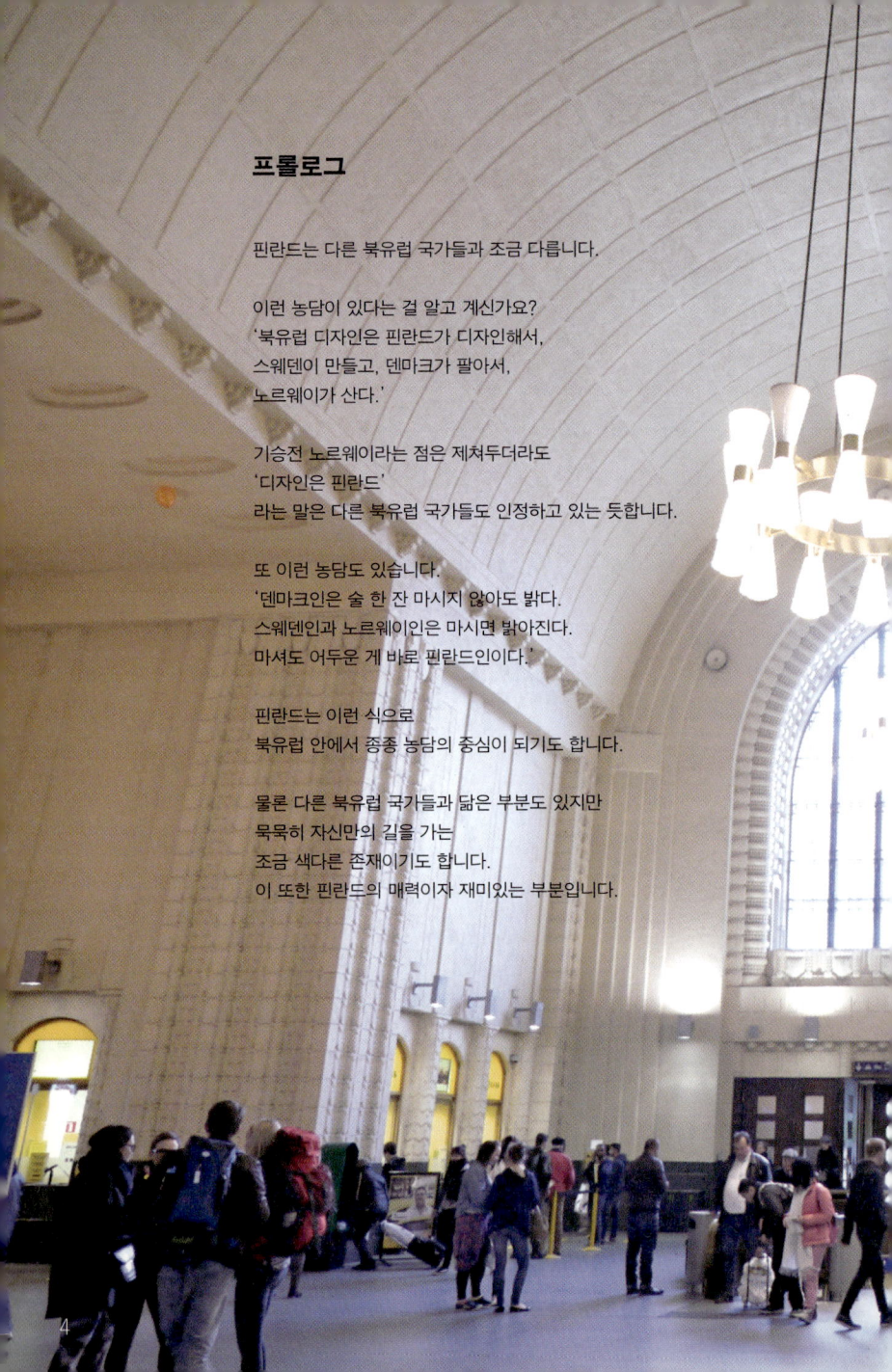

프롤로그

핀란드는 다른 북유럽 국가들과 조금 다릅니다.

이런 농담이 있다는 걸 알고 계신가요?
'북유럽 디자인은 핀란드가 디자인해서,
스웨덴이 만들고, 덴마크가 팔아서,
노르웨이가 산다.'

기승전 노르웨이라는 점은 제쳐두더라도
'디자인은 핀란드'
라는 말은 다른 북유럽 국가들도 인정하고 있는 듯합니다.

또 이런 농담도 있습니다.
'덴마크인은 술 한 잔 마시지 않아도 밝다.
스웨덴인과 노르웨이인은 마시면 밝아진다.
마셔도 어두운 게 바로 핀란드인이다.'

핀란드는 이런 식으로
북유럽 안에서 종종 농담의 중심이 되기도 합니다.

물론 다른 북유럽 국가들과 닮은 부분도 있지만
묵묵히 자신만의 길을 가는
조금 색다른 존재이기도 합니다.
이 또한 핀란드의 매력이자 재미있는 부분입니다.

이 책에는 대표 관광 명소, 일상, 전통을 테마로 한
3일간의 루트를 수록했습니다. 비공식적인 테마는
귀엽고, 맛있고, 신기한 것으로 잡았습니다.

귀여운 것들의 천국 핀란드.
하지만 단지 귀엽기만 한 것이 아닙니다.
핀란드의 매력을 더욱 느낄 수 있는 여행.
핀란드에 다시 가고 싶어지는 여행.

단 3일만에 핀란드가 더 좋아지는
그런 여행을 상상하며 책을 썼습니다.

내용을 너무 빼곡히 채운 것은 아닌지 모르겠습니다.
3일 째에는 주말을 보내는 법을 담았습니다.
책을 참고해 자신의 취향대로
여행을 즐겨주셨으면 좋겠습니다.

여러분의 여행이 멋진 시간이 되기를 바라며...

모리 유리코

Finland
핀란드는 어떤 나라일까?

숲과 호수, 디자인의 나라

핀란드어로 수오미. 1917년에 러시아로부터 독립해 핀란드 공화국이 된다. 스웨덴에게 통치되던 시절도 있었기 때문에 역사적으로 이 두 국가의 영향을 받았다. 33만 8000km^2로 한국의 3배가 넘는 국토에 약 543만 명(2014년 기준)이 살고 있다. 국토의 4분의 3이 숲으로 덮여 있으며 호수는 무려 18만 7888개나 있다. 수도는 헬싱키다.

북부는 북극권에 속해 있어 오로라를 볼 수 있다. 산타클로스의 나라로도 알려져 있다.

남녀평등국가로 알려져 있으며, 2000년에 첫 여성 대통령이 탄생했다.

교육수준이 높은 것으로도 유명하다. 또한 바이오에너지를 추진하는 친환경 선진국이다.

휴대전화 제조업체 노키아와 OS 기업 리눅스는 핀란드 기업이다. IT 선진국이기도 하다.

북유럽 국가 중 유일하게 민족과 언어의 뿌리가 달라 피노 우그리아(Finno-Ugric) 어족에 속한다.

마리메꼬와 이딸라, 아라비아 등 유럽 디자인을 대표하는 브랜드를 많이 배출했다.

자일리톨과 사우나의 발상지다. 인구가 543만 명인 것에 비해 핀란드의 사우나 수는 200만 곳에 가깝다고 한다.

여행·레저 잡지에서 뽑은 여행에 가장 적합한 장소 2014에 선출

모노클(MONOCLE) 잡지가 고른 살기 좋은 도시 2014 TOP 5

이코노미스트 인텔리전스 유닛에서 조사한 세계의 살기 좋은 도시 2014 8위

1952년 하계 올림픽 개최

국제 인더스트리얼 디자인 단체 경기회로부터 세계 디자인 수도 2012에 선출

리더스 다이제스트에서 시행한 '지갑을 잃어버렸을 때 돌아오는 확률로 성실함을 측정하는 조사 2013' 16개 도시 중 1위

Helsinki
핀란드 남단에 위치한 유럽 최북단의 수도. 별칭 '발트 해의 아가씨'
헬싱키는 이런 도시

교육수준
1위
영국 피어슨사 조사
2012년

어머니에게 상냥한 나라
1위
세이브 더 칠드런
2014년

보도의 자유도
1위
국경 없는 기자회
2002년~2006년
2009년~2014년

남녀평등도 (격차지수)
2위
세계경제포럼
2014년

1인당 커피 소비량
2위
국제커피협회
2013년

1인당 연간 평균 서적 구매 수
약 4권
핀란드 대사관 2014년
기사에서 발췌

1인당 양초 소비량
TOP 5
유럽양초제조업자협회
2009년

세계평화도 지수
6위
이코노미스트
인텔리전스 유닛
2014년

세계 행복도
7위
UN 세계 행복 보고서
2013년

Sweden

1인당 맥주 소비량
9위
기린맥주 대학 리포트
2012년

민주주의 지수
9위
이코노미스트 인텔리전스
유닛 2012년

한국 출발 항로

3 Days in Helsinki 7

여름이 되면 한층 더 활기를 띠는 히에타라하티 마켓. 잡동사니에서 명품까지 다양한 물품이 모인 헬싱키에서 가장 유명한 플리마켓.

일루미네이션이 아름답게 반짝이는 알렉산테린 거리. 크리스마스까지는 매일 쇼핑을 즐기는 사람들로 평소보다 더욱 붐빈다.

아라비아 공장은 헬싱키에서 가장 인기 있는 관광 명소 중 하나다. 미술관과 팩토리숍도 있어 현지인도 많이 방문한다.

지금 가장 유니크한 거리로 떠오르고 있는 칼리오 지구. 현지 크리에이터의 작품을 취급하는 잡화점이나 눈이 번쩍 뜨일 만큼 맛있는 커피숍도 있다.

여행 정보

어느 계절이 좋을까?

일반적인 관광 시즌은 여름. 해가 길고 화창한 날씨로 산책하기 좋은 계절이다. 그러나 북유럽의 여름 휴가철인 6월 말~8월 중순경까지는 장기간 휴업하는 상점도 있다. 특히 작은 카페 등의 개인 상점은 영업시간을 꼭 확인하고 갈 것. 야외 이벤트가 많은 5~6월과 크리스마스 분위기를 느낄 수 있는 12월도 추천한다.

상점 및 레스토랑 영업일

토요일은 일찍 마감하고 일요일은 정기 휴업을 하는 상점이 많으며 공휴일은 기본적으로 휴무다. 부활절, 여름 축제, 크리스마스 기간을 전후로 며칠 동안 휴업하는 경우도 있다.

언어

핀란드의 공용어는 핀란드어와 스웨덴어. 역 이름과 표식 등은 두 언어로 표기되어 있다. 영어를 구사할 수 있는 사람이 많으며 헬싱키 시내 관광지에서는 대체로 영어로 소통할 수 있다.

돈

통화 단위는 유로(€). 참고로 2002년에 유로를 도입하기 전까지 마르카(FIM)를 사용했다. 카페나 레스토랑에서는 서비스 요금이 포함된 경우가 많으며 팁 문화는 없다. 신용카드를 사용할 수 있는 곳도 많다.

치안

다른 유럽 국가보다 치안이 좋아 여행하기 좋다. 그러나 근래에 들어 관광객을 노린 소매치기 등의 피해가 늘어나고 있으므로 주의가 필요하다.

이 책에 실린 정보는 2015년 1월까지의 정보를 바탕으로 합니다. 영업시간이 바뀌거나 변칙적인 휴업일이 있을 수 있으므로 상점 방문 시 해당 사이트 등에서 최신 정보를 확인할 것을 추천합니다.

헬싱키의 대중교통

지하철과 트램

헬싱키를 관광할 때 노면 전차인 트램과 지하철을 이용할 수 있어 편리하다. 이 책에서 소개하는 3일간의 루트는 대부분 트램과 지하철을 이용한다.
트램, 버스, 지하철, 근교 전철, 수오멘린나(Suomenlinna)행 페리 등의 대중교통은 한 가지 티켓으로 모두 이용할 수 있다.

추천! 무제한 이용이 가능한 데이 티켓

1일 4회 이상 대중교통을 이용할 계획이라면 데이 티켓을 이용하는 것이 더 저렴하고 편리하다. 1일권부터 최대 7일권까지 희망 일수를 선택할 수 있다. 자동판매기와 R-kioski라고 하는 키오스크, 헬싱키시 교통국의 창구에서 판매하는데 1일권은 버스 및 트램 안에서도 살 수 있다.

헬싱키 시내 한정 데이 티켓
1일권 8€
2일권 12€
3일권 16€

자동판매기에서 사는 경우, 구입과 동시에 유효기간이 시작된다. 한편 키오스크나 창구에서 산 경우에는 첫 이용 시점부터 유효기간이 시작된다. 처음 이용할 때에는 지하철 개찰구나 트램 내에 있는 티켓 리더의 십자 부분을 터치해 사용하자.

무임승차는 벌금 80€!
티켓을 사는 것을 깜빡했다거나 유효하지 않은 카드를 사용한 경우에도 위와 같은 벌금이 적용되므로 주의가 필요하다.

싱글 티켓

자동판매기 외에 교통수단 내에서 운전기사에게 티켓을 구입할 수 있지만 가격이 더 비싸다. 예를 들면 자동판매기에서는 2.50€지만 버스나 트램 안에서 사면 3€다. 시내에서는 일정 시간 내의 환승은 자유지만 다른 시로 넘어가면 가격이 바뀐다.

트램 정류장에서는 다음 트램 도착까지의 대기 시간을 알 수 있다. 앞 쪽의 문을 비롯해 모든 문에서 승차할 수 있다. 문 옆에 있는 개폐버튼을 누르면 문이 열린다.

헬싱키 교통국 (HKL)
주요 트램과 메트로 정보
http://www.hel.fi/hki/HKL/en/Etusivu
HSL (헬싱키 교통)
헬싱키 시내 대중교통 정보
http://www.hsl.fi/en

트램 지도는 중앙역이나 인포메이션 센터 등에서 얻을 수 있다. 헬싱키 교통국 사이트에서 다운로드도 가능하다.

공항에서 시내까지

615번 노선버스로 공항에서 헬싱키 중앙역까지의 소요시간은 약 35분이다. 요금은 성인 5€이며 낮에는 약 15분 간격으로 운행한다. 핀에어의 셔틀버스도 편리하다. 호텔을 경유해 헬싱키 중앙역까지 가는 데 걸리는 시간은 약 30분. 낮에는 약 20분 간격으로 운행한다. 택시는 헬싱키 중심지까지 약 30분 소요되며 요금은 대략 45~50€. 2015년 7월 공항에서 시내까지 운행하는 철도가 부분 개통되었으며 10월에 전면 개통될 예정이다. 자세한 노선과 교통 정보는 HSL 홈페이지에서 확인 가능하다.

기초 핀란드어

헬싱키의 상점과 레스토랑에서는 기본적으로 영어가 통한다. 하지만 현지어로 의사소통을 할 수 있다면 여행이 한층 더 즐거워질 것이다. 한마디라도 사용해보자!

인사

Hei 헤이
Moi 모이
Terve 떼르베
안녕하세요

Huomenta 후오멘따
아침 인사

Paivää 빠이바
점심 인사

Ilta 이르따
저녁 인사

Kiitos 끼또스
감사합니다

Kiitoksia 끼똑시아
정말 고맙습니다

Anteekse 안떼엑시
죄송합니다

Kyllä 쿨라
Joo 요-
네

Ei 에이
아니요

Kippis 끼피쓰
건배

Hyvä 휴바
좋다, 맛있다

Ihana 이하나
멋지다, 귀엽다

Hei hei 헤이 헤이
Näkemiin 나께민
안녕(헤어질 때)

Moi moi 모이 모이
안녕, 또 봐요

축하

Onnea 온네아
축하합니다

Hyvää Joulua 휴바 요울루아
메리 크리스마스

Hyvää Uutta Vuotta 휴바 우따 부옷따
새해 인사

상점에서

Ravintola 라빈톨라
레스토랑

Kahvila 카흐빌라
카페

Keskus 케스쿠스
센터

Suljettu 수렛뚜
폐점

Ale 알레
세일

Kassa 카싸
계산대

Luomu 루오무
유기농

Suomi Suomalainen 수오미 수오말라이넨
핀란드, 핀란드의

화장실에서

M/miehet 미에헷 남성
N/naiset 나이셋 여성

DAY 1

핀란드 명소 투어

디자인, 인테리어, 맛집.
꼭 가봐야 할 핀란드의 명소.

9:00

핀란드 빵으로 맛있는 아침 식사

헬싱키 도착 첫날 아침, 제일 먼저 향할 곳은 현지의 인기 베이커리. 핀란드의 맛있는 빵을 먹어보자

창업 100년, 엄선된 재료를 사용하는 수준 높은 베이커리

Kanniston Leipomo
칸니스톤 레이포모

Kanniston Leipomo(푸나부오리 점)
- Kankurinkatu 6, 00150 Helsinki
- +358 10 548 9400
- 월~금 7:30 - 18:00 토 8:00 - 14:00
- http://kannistonleipomo.fi

핀란드다운 빵이라고 하면 100% 호밀을 사용한 흑빵이나 발효하지 않은 납작한 보리빵이 떠오를 것이다. 조식으로 가볍게 먹는다면 카렐리야 지방의 명물 카랄란피라카(Karjalanpiirakka)나 피로시키도 추천한다. 전통적인 맛부터 헬싱키에서 유행 중인 컵케이크까지 어느 것을 골라도 맛있다. 시장과 백화점에도 입점한 인기 베이커리로 이곳 푸나부오리(Punavuori) 점에는 실내석이 마련되어 있어 갓 구운 빵을 바로 먹어볼 수 있다.

①대표 메뉴인 시나몬롤은 유기농 재료로 만든 것도 있다.
②카랄란피라카도 환상적인 맛이다.
③여름에는 딸기와 블루베리, 가을에는 사과로 만든 빵을 추천한다는 CEO 헨릭 씨.

④보기보다 깔끔한 식감의 피로시키.
⑤잡곡빵이 진열되어 있다. 납작한 보리빵인 '리에스카(Rieska)'는 마니아가 생길 정도로 인기 있는 상품.

3 Days in Helsinki 17

9:30 ✈

새로운 스타일의 커피전문점

아침식사 후 커피로 한숨 돌리기. 급성장 중인 핀란드의 스페셜티 커피를 맛보자.

최고의 커피 한 잔으로 시작하는 하루

Kaffa Roastery
카파 로스터리

📍 Pursimiehenkatu 29 A, 00150 Helsinki
📞 +358 10 422 6700
🕐 월-금 7:45 - 18:00 토 10:00 - 17:00
🏠 http://kaffaroastery.fi

핀란드에서도 조금씩 퍼지고 있는 스페셜티 커피의 물결. 맛과 품질을 철저하게 추구하는 소규모 카페가 늘어나고 있는데 헬싱키에서 특히 인기몰이를 하고 있는 로스터가 바로 '카파'다. 2007년에 창업해 2009년부터 푸나부오리 지구에서 카페와 함께 로스터리를 시작했다. 매장 안쪽에서 매일 로스팅을 하고 카운터에서는 실력 있는 바리스타가 에스프레소부터 에어로프레스 커피까지 다양한 메뉴를 만들어 준다.

매니저인 바리스타 산드라 씨는 원두의 산지와 로스팅에 관해서도 정통하며 취향에 맞는 원두를 추천해준다.

지금은 한 주에 4000kg을 로스팅 할 정도로 인기가 많다. 슈퍼마켓과 파제르 카페 등에서도 이 곳의 원두를 취급한다.

북유럽의 아침 식사

칸니스톤 레이포모의 CEO 헨릭 브룬 씨에게 핀란드의 전형적인 아침 식사는 무엇인지 질문했다.
"빵과 버터, 치즈, 뮤즐리, 요구르트, 거기에 주스와 커피. 핀란드 빵은 호밀, 보리, 납작보리, 밀 4종류를 사용한 것이 많아요."
그렇다. 핀란드의 베이커리에는 검은 빵이 많다. 북유럽에서는 밀로 만든 하얀 빵보다 잡곡을 사용해 몸에 좋은 흑빵을 선호한다. 그중에서도 특히 호밀빵이 핀란드인에게 사랑받는데, 빵은 검으면 검을수록 좋다고 한다. 호밀 100%로 만든 빵은 묵직하고 딱딱해서 둔기 같다고 말할 수 있을 정도다.

핀란드를 처음 방문했을 때 햄과 샐러드가 들어가지 않고 오로지 치즈만 있는 샌드위치에 당황했었다. 하지만 알고 보면 그게 더 맛있다. 핀란드의 버터와 치즈는 정말로 홀딱 반할 맛이다. 전반적인 유제품의 품질이 높으며 우유와 요구르트, 발효유 등 각각의 종류도 다양해 슈퍼마켓의 유제품 코너는 언제 보아도 행복하다.

핀란드다운 빵이라고 하면 카렐리야 파이(카랄란피라카)와 피로시키일 것이다. 카렐리야 파이는 핀란드 남동부, 러시아와의 접경에 위치한 카렐리야 지방에서 전해진 맛으로 쌀을 우유로 찐 뒤 호밀 반죽으로 감싼 것이다. 삶은 달걀과 버터를 섞어 만든 에그 버터를 곁들이면 더 맛있다. 핀란드어로 카랄란피라카라고 한다. 피로시키도 핀란드에서는 대중적인 음식이다. 둘 다 러시아 음식문화의 영향을 많이 받은 빵이다.

마지막으로 핀란드의 아침에 빠뜨릴 수 없는 커피. 이게 없으면 핀란드인의 하루는 시작되지 않는다. 핀란드어로 '암카흐비'라는 말도 있다. 암은 아침, 카흐비는 커피를 뜻한다. 핀란드인들은 하루에 여러 잔을 마시지만 아침에 마시는 한 잔을 특히 중요하게 생각한다.

10:30

다시 발견하는 북유럽 디자인의 매력

북유럽 디자인에 대해 알고 싶다면 본고장만한 곳이 또 있을까. 핀란드를 대표하는 브랜드 상점을 돌아보자.

핀란드 디자인이 태어나는 장소

Artek
아르텍

Etelaesplanadi 18, 00130 Helsinki
+358 10 617 3480
월~금 10:00 - 19:00 토 10:00 - 16:00
http://www.artek.fi

라이프스타일이라는 말이 정착하기 한참 전부터 새로운 삶의 형태를 제안해온 아르텍. 상점 안에는 보통 북유럽 디자인하면 떠올리는 대표적인 제품들이 진열되어 있다. 북유럽 디자인의 거장 알바 알토가 자신의 아이디어를 실현하기 위한 장소로 설립해 핀란드식 디자인을 세계에 퍼뜨린 장소다. 깔끔하고 실용적인 핀란드 디자인의 진면목을 체험하고 싶다면 우선 이곳부터 방문하자.

의자의 마술사 일마리 타피오바라와 팝 컬처의 선구자 이에로 아르니오의 작품부터 현대 디자이너의 작품까지 핀란드 디자인이 집결되어 있다.

DAY 1

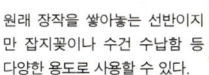

1935년에 창업. 디자인과 건축의 협업을 제안하고 가구뿐만 아니라 공예품이나 예술 관련 전시회, 출판도 다루어 온 독특한 존재.

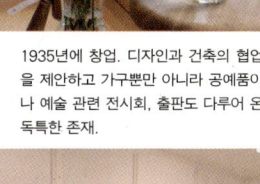

원래 장작을 쌓아놓는 선반이지만 잡지꽂이나 수건 수납함 등 다양한 용도로 사용할 수 있다.

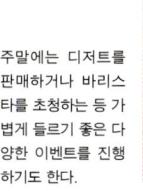

주말에는 디저트를 판매하거나 바리스타를 초청하는 등 가볍게 들르기 좋은 다양한 이벤트를 진행하기도 한다.

3 Days in Helsinki 21

핀란드 가정 곳곳에서 볼 수 있는 텍스타일

Finlayson
핀레이슨

핀란드는 겨울이 되면 일조시간이 짧아진다. 그래서 인테리어의 기본으로 여기는 것이 방을 밝게 하는 컬러다. 1820년에 창업한 홈 텍스타일 브랜드 핀레이슨의 매장 안에 들어서면 산뜻하고 반짝거리는 색들의 향연에 기분도 덩달아 밝아진다. 시트와 침대커버 등 침구용품이 특히 많으며 무민 무늬의 텍스타일도 유명하다. 게다가 가격이 합리적이어서 즐거움은 배가 된다. 자그마한 주방용품 등은 선물용으로도 좋다.

과거의 디자인을 부활시킨 패턴도 많은데 코끼리 무늬는 60년대, 점원이 착용한 앞치마의 패턴은 50년대에 디자인된 것이다.

Eteläesplanadi 14, 00130 Helsinki
+358 20 7213 706
월~금 10:00 - 8:00 토 10:00 - 16:00
http://www.finlayson.fi

텍스타일의 사용법이나 조합 방법을 참고할 수 있는 내부 디스플레이. 주방용품과 어린이용품도 다양하다.

식탁을 물들이는 타임리스 디자인

Iittala
이딸라

정제된 간결한 아름다움을 추구하며 핀란드의 식탁에서 사랑받아온 브랜드 이딸라. 다른 곳에서도 제품을 구할 수 있지만 굳이 에스플라나디 거리의 매장에 오고 싶은 이유는 테이블 코디네이트의 아이디어가 넘쳐나기 때문이다. 일상을 아름답고 풍족하게 해주는 그릇이 있는 생활을 만나볼 수 있다.

Iittala(에스플라나디 점)
- Pohjoisesplanadi 25, 00100 Helsinki
- +358 20 439 3501
- 월-금 10:00 - 19:00 토 10:00 - 17:00
- https://www.iittala.com

같은 식기를 색깔별로 갖추거나 유리잔과 화병을 같은 색으로 맞추는 등 실생활에서 응용할 수 있는 수많은 아이디어를 얻을 수 있다. '카스테헬미' 시리즈의 신작을 조합한 토털 코디네이트가 멋스럽다.

둥글둥글한 형태가 특징

Aarikka
아리까

핀란드의 요정 '톤뚜(Tonttu)'와 말코손바닥사슴 등 나도 모르게 미소를 짓게 되는 귀여운 목제 잡화가 주를 이루는 아리까. 현지에서 인기가 많은 제품은 캔들 홀더와 액세서리이다. 매끄럽고 둥글둥글한 원형을 모티브로 한 디자인은 인테리어와 패션을 더욱 편안하고 부드러운 분위기로 연출해 준다.

📍 Pohjoisesplanadi 27, 00100 Helsinki
📞 +358 9 652 277
🕐 월~금 10:00 - 19:00 토 10:00 - 17:00
🏠 http://www.aarikka.com

원형을 모티브로 한 이유 중 하나는 원래 단추를 만드는 기업이었기 때문이다.
① 창업년도와 함께 걸려있는 커다란 나무 단추가 사무실에 장식되어 있다.

진화하는 핀란드 디자인

핀란드다운 디자인이란?

핀란드의 디자인은 독특하다. 북유럽 안에서도 어딘가 다르다. 이는 북유럽에서 유일하게 민족의 뿌리가 다르기 때문일지도 모른다. 본래 자원이 부족하고 제2차 세계대전 이후 패전국은 아니었으나 배상금을 부담해야 했던 힘난한 배경과 관계가 있을지도 모른다. 유행을 따르는 것이 아니라 핀란드만이 할 수 있는 것을 고집스럽게 추구한 끝에 태어난 디자인이 지금 전 세계에서 사랑받고 있다.

핀란드 디자인은 간결하지만, 그저 단순하진 않다. 핀란드를 대표하는 건축가이자 디자이너 알바 알토(Alvar Aalto)가 1933년에 만든 스툴(등받이가 없는 의자)이 좋은 예다. 이 심플한 의자에는 당시의 최첨단 기술과 지혜, 디자인이 담겨 있다. 나무를 굽히는 기술로 유기적이고 모던한 디자인을 실현함으로써 핀란드의 풍부한 자작나무를 자원으로 활용할 수 있게 되었다. 대량 생산이 가능한 디자인은 일상을 풍요롭게 했고 핀란드 경제에도 크게 공헌했다. 인간공학적이고 오래가며 지속가능한 제품. 근래에 들어 자주 듣는 디자인에 필요한 개념을 80년도 전부터 몸소 실천해왔다. 알토의 가구는 헬싱키의 카페와 상점에서 종종 볼 수 있지만 시간적 여유가 있다면 헬싱키 북부에 있는 알토의 저택이나 스튜디오에 가볼 것을 추천한다.

북유럽을 대표하는 의자에 앉아보자

일마리 타피오바라(Ilmari Tapiovaara)는 알면 알수록 그 매력에 빠지게 된다. 대표작 중 하나인 도무스 체어(Domus Chair)는 당시에 팔걸이가 짧다는 비판을 받기도 했다고 하는데 실제로 앉아보면 테이블에 아슬아슬하게 부딪히지 않을 만큼의 절묘한 길이라는 걸 알 수 있다. 파넷(Fanet)이나 마드모아젤 체어는 적당한 각도로, 앉으면 허리가 딱 들어맞는 편안함이 있다. 윈저 스타일과 비슷한 의자는 다른 곳에도 있지만 앉았을 때의 느낌이 전혀 다르다. 쿠르나(P.38)나 산드로(P.82)에서는 타피오바라의 의자를 놓고 사용하니, 실제로 앉아서 식사를 즐겨보는 것도 좋을 것 같다.

이에로 아르니오(Eero Aarnio)는 목제 가구가 많은 핀란드 디자인계의 이단아다. 가까운 미래, 디자인을 이끌어 나갈 플라스틱 명장이다. 그의 작품 중 가장 유명한 것은 버블 체어. 강렬한 디자인에 먼저 눈길을 빼앗기겠지만, 무엇보다도 앉았을 때 느껴지는 뛰어난 안락함이 가장 놀랍다. 귀여운 조랑말 모양의 장난감 같은 의자, 포니도 마찬가지로 앉았을 때 매우 편안하다. 1932년에 태어난 아르니오는 현재도 활발하게 활동하고 있으며 스웨덴 극장 맞은편 지하에는 아르니오의 쇼룸이 있다.

아르텍(P.21)에서 흥미로운 트럼프를 발견했다. 'DESIGN FINLAND'라고 쓰인 트럼프 카드에는 알토의 의자와 볼 체어 등 20세기를 대표하는 디자인이 그려져 있으며 킹이나 퀸에는 타피오바라나 마리메꼬의 창시자 아르미 라티아(Armi Ratia) 등이 등장한다. 핀란드를 대표하는 디자인을 가볍게 훑어볼 수 있다. 나도 모르게 웃어버린 것은 스페이드 잭으로 그려진 카이 프랑크. 누타야르비 유리 공장 시절에 디자인한 루투리타리(Ruuturitari) 유리컵을 가면처럼 써서 얼굴이 보이지 않는다. '디자이너는 익명의 존재다.'라고 주장하던 그의 에피소드가 떠오른다. 참고로 카이 프랑크는 이딸라와 아라비아의 황금기를 만들었고 핀란드 디자인의 양심이라 불리는 디자이너다.

마지막으로 핀란드 디자인의 계승자인 하리 코스키넨(Harri Koskinen) 씨의 말을 소개하고 싶다. 얼음 덩어리에 전구를 넣은 듯 한 참신한 블록 램프로 파격적인 데뷔를 장식하였으며 현재는 이딸라의 아트 디렉터로서도 활동 중인 코스키넨 씨. 2014년에는 카이 프랑크 상을 수상하였으며 핀란드 디자인 DNA를 누구보다 강하게 계승하고 있는 그에게 '핀란드 디자인이란?'이라는 짧은 질문을 해보았다.

우리는 실용성을 중요시하는 인종

"저에게 있어서 핀란드 디자인이란 심플하며, 쓸모없는 것을 극한으로 없앤 것입니다. 기능성이나 실용성을 중시합니다. 저희 핀란드인은 실용성을 매우 중요하게 생각합니다. 각각의 물건에는 용도와 필요성이 있으며 디자인을 할 때 '어떻게 사용될 것인가?'를 먼저 생각합니다. 그리고 '더 쓰기 좋게 만들기 위해서는?'이라고 생각하는 동안 형태가 만들어져 갑니다. 이 과정을 거쳐 핀란드 디자인은 유행에 좌지우지되는 일 없이 시대를 초월하고 계승되어 올 수 있었습니다. 시대의 변화에 영향을 받지 않는 고품질의 디자인을 골라 다음 세대에게 물려주는 것이 중요하다고 생각합니다."

2013년으로 80주년을 맞이한 알토의 스툴 60. 다양한 색상으로 제작되고 있다.

『DESIGN FINLAND』 트럼프 (Rakennustieto)

3 Days in Helsinki

13:00

오래된 카페에서
수프 런치

카페와 레스토랑의 대표 런치 메뉴라고 하면 수프일 것이다. 부드러운 북유럽 수프로 허기진 속을 채워보자.

유명인들도 방문하는 거리의 상징

Fazer
파제르

북유럽 최대 규모의 제과 회사로 핀란드 대표 기념품으로도 인기가 많은 파제르. 헬싱키에 있는 본점은 오랜 역사를 느낄 수 있는 분위기를 가지고 있으며, 카페는 셀프서비스로 운영되어 부담 없이 이용할 수 있다. 매일 메뉴가 바뀌는 오늘의 수프 런치는 생선, 고기, 채식까지 3종류의 수프가 제공되며 수프도 빵도 자유롭게 리필할 수 있다. 무게를 달아 파는 초콜릿과 예쁜 패키지 상품 등 본점에서만 살 수 있는 것들도 눈여겨보자.

- Kluuvikatu 3, 00100 Helsinki
- +358 20 729 6702
- 월~금 7:30 - 22:00
  토 9:00 - 22:00 일 10:00 - 18:00
- http://www.fazer.fi

수프 뷔페는 평일 11:00-15:00.
가격은 9.90€.

①2014년 토베 얀손 탄생 100주년 한정 아이템.
②이딸라의 유리그릇에 파제르의 베스트셀러인 파란 초콜릿을 담은 패키지도 멋스럽다.

14:00

보고 또 봐도 귀여운
본고장의 마리메꼬

거리를 걷다 보면 우니꼬 무늬를 멋지게 소화한 사람들과 스치게 되는 마리메꼬의 나라 핀란드. 마리메꼬의 본고장다운 멋진 디스플레이와 코디네이트를 한 수 배우며 쇼핑을 즐기자.

핀란드 국민 브랜드를 즐기는 방법

Marimekko
마리메꼬

대담하고 화려한 패턴에서 심플한 무늬까지 매력적이고 자연스럽게 마리메꼬를 소화하는 핀란드 사람들. 그중에서도 마리쿨마 점의 디스플레이가 압권이다. 헬싱키에서 가장 다양한 상품들을 자랑하는 플래그십 스토어로, 매주 디스플레이를 바꿔 방문하는 사람들의 눈을 즐겁게 해준다. 커다란 무늬의 활용법이나 무늬끼리 어떻게 조합하면 좋은지 등 마리메꼬 고수들의 센스가 가게 곳곳에 묻어 있어 보면 볼수록 마리메꼬에 빠져들게 될 것이다.

2014년에 50주년을 맞이한 우니꼬 패턴을 축하하고자 생일 케이크처럼 디스플레이를 해놓았다. 우니꼬 패턴도 색과 꽃무늬의 크기에 따라 느낌이 새롭다.

Marimekko (마리쿨마 점)
Pohjoisesplanadi 33, 00100 HELSINKI
+358 9 686 0240
월-금 10:00-20:00
토 10:00 - 17:00 일 12:00 - 17:00
https://www.marimekko.com

우니꼬를 탄생시킨 디자이너 마이야 이솔라(Maija Isola)의 사진 옆에는 그녀의 스타일을 모티브로 한 옷이 걸려있다. 5월의 꽃, 카네이션을 사용한 화려한 디스플레이가 눈길을 끈다.

DAY 1

마리메꼬의 본고장, 어디에서 사는 게 좋을까?

헬싱키 거리에는 마리메꼬 매장이 많이 있는데 가게마다 상품 목록이 다르다. 예를 들면 어린이용품은 미콘 거리점, 옷과 장신구는 알렉산테린 거리점에 많이 있다. 하카니에미 점은 세월을 반영한 소박한 분위기가 매력이다. 저렴한 상품을 찾는다면 팩토리숍(P.108)으로 가보자.

마리메꼬에 둘러싸여 커피 타임

Marikahvila
마리카흐빌라

쇼핑이 끝나면 근처 마리메꼬 카페에서 커피 타임을 갖자. 가게 곳곳에 마리메꼬를 사용해 인테리어했다. 시나몬롤과 당근 케이크 등 핀란드를 대표하는 맛을 마리메꼬 그릇과 함께 즐겨보자.

⊙ 월~토 10:00 - 18:00
🏠 http://www.strindberg.fi/marikahvila

3 Days in Helsinki 31

15:00

알바 알토의
건축물 견학

핀란드가 자랑하는 건축가 알바 알토. 북유럽 디자인의 시작이라고도 할 수 있는 거장의 손길이 닿은 건물로 가보자.

햇볕이 한가득 내리쬐는 명장의 건축

Aakateeminen Kirjakauppa
아카데미아 서점

헬싱키에 있는 알토의 대표적 건축물이라고 하면 아카데미아 서점이 있다. 건물에 들어가면 천장에서 내리쬐는 햇볕이 가장 먼저 느껴진다. 2층과 3층은 중앙 천장에 달린 창문을 감싸듯 회랑식으로 지어져, 서 있는 위치에 따라 눈앞의 풍경이 달라진다. 의자와 조명, 문에 달린 손잡이 등 세세한 부분에서도 알토의 디자인 철학이 묻어난다. 건축에 관심이 있지 않더라도 꼭 가보기를 추천하는, 알토 건축의 심플한 아름다움이 가득 찬 곳이다.

- Pohjoisesplanadi 39, 00101 Helsinki
- +358 9 1211
- 월~금 9:00 - 21:00 토 9:00 - 18:00 일 12:00 - 18:00
- https://akateeminen.com

① 2층에는 카페 알토가 있다.
② 건물 입구에 알토의 이름이 있다.
③ 독특한 손잡이는 알토 건축의 특징 중 하나.
④ 조명 하나까지 전부 디자인했다.
⑤ 지하에서는 문구류를 판매한다.

3 Days in Helsinki 33

16:30

**디자인 디스트릭트
중심지 둘러보기**

디자인숍과 앤티크 숍,
미술관이 한데 모여 있는
디자인 디스트릭트.
이곳의 대표적인 상점을
살펴보자.

전통을 계승하는 지속 가능한 직물

Johanna Gullichsen
요한나 글릭센

- Fredrikinkatu 18, 00120 Helsinki
- +358 9 637 917
- 월~금 11:00 - 18:00 토 11:00 - 15:00
- http://www.johannagullichsen.com

북유럽의 전통적인 직물 기법으로 현대적인 패턴을 조합해 핀란드를 대표하는 새로운 브랜드가 된 요한나 글릭센. 소품부터 신상 텍스타일까지 모든 컬렉션이 모인 곳이 이 플래그십 스토어다. 두텁고 튼튼한 직물은 소파 등의 가구에도 적합하며 핀란드 사람들이 인테리어로 많이 사용한다고 한다. 프린트 직물과는 다른 입체적인 질감을 살린 가방이나 소품도 인기 있다.

DAY 1

직물의 아름다움을 돋보이게 해주는 입체적인 형태의 가방과 소품들. 직물이 바뀌는 이음새 부분이나 천의 끝 부분도 낭비하지 않고 디자인으로 살린 것은 '물건을 소중히 다루자'는 메시지이기도 하다.

3 Days in Helsinki 35

패셔너블한 핀란드 브랜드

Ivana Helsinki
이바나 헬싱키

이바나 헬싱키는 새와 텐트 등 핀란드인에게 친숙한 모티브를 복고적인 그래픽으로 승화해 단숨에 인기 브랜드가 되었다. 이바나는 디자이너인 파올라 수호넨(Paola Suhonen)의 가운데 이름이다. '러시아적 요소를 섞고 싶어서' 일부러 슬라브계 이름을 붙였다고 한다. 독창적인 이야기와 함께 전개하는 컬렉션은 매 시즌 주목받으며 북유럽의 여성 브랜드로서는 유일하게 파리 컬렉션에도 진출했다.

- Uudenmaankatu 15, 00120 Helsinki
- +358 50 505 1624
- 월-금 11:00 - 19:00 토 11:00 - 16:00
- http://www.ivanahelsinki.com

인기 있는 텐트 무늬는 휴일에 숲에서 캠프를 즐기는 핀란드인의 전통을 반영한 것. 2014년 가을에 발표된 무민 컬렉션도 큰 화제가 되었다.

디자인 디스트릭트란?

DESIGN DISTRICT HELSINKI

헬싱키의 디자인 필드를 부흥시키기 위해 2005년에 출범한 디자인 디스트릭트 프로젝트. 25개의 거리와 약 200개의 점포가 참여했으며 이 프로젝트의 중심이 되는 디아나푸이스토 공원 주변에는 디자인 포럼 핀란드와 디자인 뮤지엄, 건축미술관, 디자인&인테리어 숍이 모여 있다. 매년 디자인 마켓이 개최되어 디자인 디스트릭트 가맹점이 저렴한 상품을 내놓는다.

http://designdistrict.fi

19:00

나날이 진화하는
최신 맛집 탐방

세계가 주목하는 최신 북유럽 요리.
핀란드의 식재료를 참신한 아이디어로
조리하는 인기 셰프의 요리를
맛보자.

유명 셰프의 아늑한 가게

Kuurna
쿠르나

- Meritullinkatu 6, 00170 Helsinki
- +358 10 281 8241
- 월~금 18:00 ~ 22:30 토 16:00 ~ 20:00
- http://www.kuurna.fi

빈티지 가구로 센스 있게 꾸민 실내. 간판에는 'Ravintola'라는 글자만 있다. 찾기 어려우므로 주의할 것.

하루가 다르게 새로운 재능이 태어나는 북유럽 음식 업계에서 안토 멜라스니에미(Antto Melasniemi)는 한층 더 강렬한 개성을 흩뿌리는 셰프다. 지금은 밀라노 살로네와 런던 팝업 레스토랑 등 국내외에서 크게 활약하고 있다. 쿠르나는 그의 시작점이라고 말할 수 있는 곳으로, 현지에서 구할 수 있는 식재료를 중심으로 메뉴를 꾸렸다. 그중에는 특이하게 독버섯 요리도 있다. 편안한 분위기의 가게 내부도 멋스럽다. 핀란드만의 미식을 가볍게 체험할 수 있는 가게.

①네틀(서양쐐기풀)을 넣은 팬케이크 소스에는 독버섯으로 알려진 마귀곰보버섯이 사용된다.
②훈제 어란에 콜리플라워 퓌레를 곁들였다.
③허브 소스를 곁들인 민물 농어와 채소 오븐구이.
④루바브 소스를 곁들인 아몬드케이크.
⑤화이트초콜릿무스와 블루베리 수프. 전채 · 메인 · 디저트까지 36~42€.

핀란드식 타파스를 먹어보자

Juuri
유리

디자인 디스트릭트 중심지에 자리한 유리. 마리메꼬의 직원 식당을 담당하며 요리책도 인기다. 유명한 요리는 타파스를 핀란드식으로 변형한 '사파스'. 핀란드만의 식재료를 독특하게 조합해 접시마다 색다른 즐거움이 있다. 전채로 먹거나 사파스만 즐겨도 상관없다. 양이 많지 않게 먹고 싶을 때도 좋고, 주머니 사정에 따라 편하게 즐길 수 있다는 점도 인기의 비결이다.

- Korkeavuorenkatu 27, 00130 Helsinki
- +358 9 635 732
- 월~금 11:00 - 22:00
  (런치는 14:30까지,
  평일 14:30 - 16:00은 브레이크 타임)
  토 12:00 - 22:00 일 16:00 - 22:00
- http://juuri.fi

핀란드 명물 에그치즈와 크랜베리

훈제한 민물농어에 어란을 곁들인 요리

네덜란드산 송어에 레드커런트와
감초를 곁들인 요리

발트해산 청어 맥주 절임

민물농어와 블랙커런트 세비체

사파스는 한 접시에 4.60€. 좋은 서비스로도 정평이 나있다.
①전채로 나오는 비트 무스도 맛있다.
②식후 커피는 마리메꼬 찻잔에 나온다.

와인 상자로 만든 카운터. 와인병을 이용한 조명도 분위기 있다. 와인셀러는 위층에 있다.

최우수 레스토랑에도 선정된 인기 레스토랑

Muru
무루

핀란드의 미식 클럽이 선정한 연간 최우수 레스토랑으로 뽑힌 적이 있는 인기 레스토랑. 언제나 200종류 이상의 와인을 갖추고 있으며 이와 함께 음식을 즐기는 비스트로 스타일이다. 입맛이 까다로운 현지인들로 가게 안은 항상 북적인다. 메뉴는 핀란드어로만 쓰여 있어 여행자가 가기에는 조금 난이도가 높지만 최첨단 핀란드 요리를 체험하고 싶다면 꼭 가보자.

①가리비 소테를 올린 오징어먹물 리소토.
②콘소메 스프와 폴렌타(옥수수가루 죽)를 곁들인 리드보(송아지 췌장요리).
③소고기와 표고버섯 소스에 거품 장식을 올린 요리.
④계절의 맛. 루바브 무스에는 딸기 소르베와 루바브 소스가 듬뿍 올라간다. 두 접시에 36~42€. 추가 시 한 접시에 10€. 디저트와 치즈가 포함된 셰프 추천 코스는 52€.

Fredrikinkatu 41, 00120 Helsinki
+358 10 2928 999
화~토 17:00~23:30
http://www.murudining.fi

쿠르나
P.38

디자인 디스트릭트의 중심을 이루는 푸나부오리 지역과 에스플라나디 거리(Eteläesplanadi)는 도보로도 이동할 수 있다. 에스플라나디 거리에서 쿠르나까지 갈 때는 알렉산테린 거리(Aleksanterinkatu)에서 4번 트램을 타자. Ritarihuone 정류장에서 하차해 도보로 약 5분이면 쿠르나에 도착한다.

●●●●●●●●●	도보 루트
●—3—▶	추천 승차 루트
——	트램 선로
- - -	지하철
M Rautatientori / Järnvägstorget	지하철역
상단 핀란드어	
하단 스웨덴어	

※번호가 기입되어 있는 라인은 트램,
  M이라 쓰여있는 라인은 지하철로 이동.

3 Days in Helsinki

핀란드의 귀여운 간식
뿔라와 뭉끼를 먹자!

뿔라(Pullat)란 과자빵을 뜻한다. 일본영화 '카모메식당'에 등장해 큰 인기를 끈 시나몬롤도 뿔라의 한 종류로 커피와 함께 먹는 사람이 많아 커피빵을 의미하는 카흐비뿔라(Kahvipulla)라고도 불린다. 초여름에는 루바브(Rhubarb), 여름에는 딸기와 계절마다 제철 베리나 과일을 사용한 뿔라도 등장한다. 뿔라의 반죽에는 향신료 카다멈이 듬뿍 들어간 것이 특징이다.

시나몬롤은 돌돌 말아 위에서 살짝 누른 듯한 형태가 일반적이며 핀란드어로 '코르바푸스티(Korvapuusti)'라는 따귀를 때린다는 의미의 재밌는 별명이 있다. 이 형태 외에도 매듭 같은 모양이나 세 갈래로 땋은 모양, 다람쥐 모양 등도 있다.

뭉끼(Munkki)란 도넛을 의미한다. 핀란드의 도넛은 납작한 원형으로 구멍이 없다. 반죽에는 뿔라와 마찬가지로 카다멈이 들어가고 안에 잼이 들어있다. 아이싱을 뿌린 종류도 흔하게 볼 수 있다. 대표적인 뭉끼는 도넛 돼지라는 의미의 '뭉끼포스(Munkkipossu)'. 두 개의 모서리를 꼰 것이 마치 돼지처럼 보여 그런 이름이 붙었다고 하는데, 돼지보다는 꽃게 같은 느낌이다. 뭉끼포스는 오랜 역사를 지니는데, 1920년 혹은 그 이전부터 있었다고 전해진다. 뭉끼 안에도 마찬가지로 잼이 들어있다.

▲ 핀란드의 도넛, 뭉끼.

◀ 제철 베리를 올린 뿔라도 인기가 있다.

◀ 코르바푸스티라고도 불리는 시나몬롤.

◀ 스웨덴에서 흔히 볼 수 있는 매듭 모양의 시나몬롤.

▶ 돼지로는 보이지 않는 뭉끼포스.

DAY 2

핀란드의 일상

현지인이 된 기분으로 작은 가게와
지금 주목받는 동네 산책하기

9:00

바리스타 챔피언의 카페에서 맛있는 커피 한 잔

2일째 아침은 현지인처럼 커피숍에서 하루를 시작해보자. 내셔널 챔피언이 운영하는 곳에서 맛있는 커피 한 잔!

핀란드 커피의 새로운 흐름을 만드는

Good Life Coffee
굿 라이프 커피

핀란드의 바리스타 챔피언 라우리 피피넨 씨가 운영하는 커피 셀렉트숍. '원두를 고르는 기준은 품질과 맛, 그리고 사람'이라는 라우리 씨. 스웨덴의 드롭 커피(Drop Coffee)와 코피(Koppi) 등 인기 로스터의 원두를 갖추었으며 2014년 가을부터는 직접 로스팅도 시작했다. 핀란드에 점점 퍼지고 있는 서드 웨이브 커피의 중심지이기도 하다. 커피를 좋아한다면 필히 들러봐야 할 장소다.

Kolmas Linja 1, 00530 Helsinki
월~금 8:30 - 18:00 토 10:00 - 17:00
일 11:00 - 15:00
http://goodlifecoffee.fi

① 투르크와 스톡홀름, 베를린의 로스터 원두.
② 샌드위치는 현지에서 평판이 좋은 베이커리에서 직접 들여온다. 주말에는 빵 종류도 늘어나며 느긋하게 커피를 즐기는 사람도 많다.

라우리 씨의 추천 메뉴

드립커피를 꼭 마셔 보세요. 기존 핀란드 커피와의 차이점을 잘 느낄 수 있을 거라고 생각해요. 우유가 들어간 메뉴 중에는 라테를 추천해요. 우리 가게의 라테 잔은 약간 작은 편인데, 이는 커피의 맛을 잘 느낄 수 있도록 균형을 맞춘 것이랍니다.

바리스타 챔피언에게 듣는
핀란드의 커피 이야기

핀란드는 커피 선진국인가?

북유럽은 커피 선진국이다. 그러나 오슬로와 코펜하겐과 같은 성숙한 커피 시장과 비교하면 헬싱키의 커피 시장은 아직 미숙하다.

핀란드는 커피 소비량이 세계 최상위이다. 참고로 '1인당 커피 소비량 세계 1위'는 과거의 일로 최근 몇 년간은 룩셈부르크와 네델란드가 1위의 자리를 차지하고 있다. 물론 소비량이 많다는 사실에는 변함이 없다. 연간 소비량을 커피를 마실 수 있는 세대의 인구수로 나누어 보면 인당 연간 약 12kg의 커피를 소비하고 하루 평균 다섯 잔 정도를 마신다고 나온다.

핀란드 사람들에게 커피는 가장 가볍게 마실 수 있는 음료이다. 기존의 카페는 일반 커피를 셀프서비스로 자유롭게 리필할 수 있는 곳이 대부분이다. 또 커피 휴식을 의미하는 '카흐비타우코(Kahvitauko)'라는 시간이 직장은 물론 학교에도 있다고 하니 놀라울 따름이다.

많은 소비량과 좋은 품질은 직접적인 관계가 없다. 도리어 기존 커피 습관이 뿌리 깊이 박혀있어 새로운 커피 문화가 자리 잡기 힘든 경우도 있다. 핀란드의 바리스타 챔피언을 필두로 커피 업계의 사람들에게 속사정을 들어보았다.

맛은 신경 써본 적이 없다

2011년 핀란드 바리스타 챔피언이자 굿 라이프 커피의 오너, 라우리 피피넨 씨는 '핀란드인은 옛날부터 커피를 많이 마셔왔는데 품질은 우선순위가 아니었다. 높은 품질의 로스터와 카페가 늘어난 것은 최근의 일이다.'라고 말한다.

굿 라이프 커피는 핀란드의 1세대 맛있는 커피다. 새로운 커피를 만들어 낸 반향은 어땠을까?

"고맙게도 받아들여지고 있다. 블랙커피를 한 잔씩 시간을 들여 내리는 것에 불만을 표출하는 사람은 없다. 차이를 아는 사람들은 다소 비싸도 좋은 커피에 돈을 쓰기 시작했다."

원래 핀란드인에게 커피란 집이나 직장에서 마시는 것. 카페에서 마시는 습관이 자리 잡은 것도 최근 일이라고 한다.

"물론 예전 습관대로 마시는 사람도 많다. 품질을 중시하는 커피 바와 기존 카페와의 차이점을 인식시키기까지는 조금 더 시간이 필요할 것이다."

'시나몬 로스트로 깔끔한 맛의 북유럽 스타일 커피가 좋다'고 말하는 라우리 씨. 북유럽 로스터리 카페 중에서는 스톡홀름의 '드롭 커피'를 특히 좋아한다고 한다.

"편안한 분위기지만 스타일리시하고 커피는 말할 필요도 없이 맛있다. 점원들도 정말 친절하다."

라우리 씨는 한 해에도 여러 번 전 세계의 맛있는 커피숍을 탐방하러 나선다. 맛은 물론 메뉴 작성법이나 조명 인테리어 등도 참고하고 있다고 한다.

2013년 핀란드 바리스타 챔피언인 칼레 프레쎄 씨의 에피소드도 재미있다. 그가 커피의 참된 맛을 알게 된 것은 뉴질랜드에 머물고 있을 때였다.

'핀란드에서 커피는 그저 음료였기 때문에 맛에 대해 신경을 써본 적이 없었다. 그 부분을 바꿔나가고 싶다'고 그는 'Barista Magazine'과의 인터뷰에서 말했다.

칼레 씨는 북유럽 5개국이 팀으로 경연하는 노르딕 바리스타컵(2003년에 시작)에서 2012년에 핀란드를 그토록 염원하던 첫 우승으로 이끈 장본인. 노르웨이와 덴마크, 스웨덴같이 엄청난 실력을 가진 나라들 누르고 차지한 우승은 핀란드의 바리스타 기술이 착실히 성장하고 있는 결과라고도 말할 수 있다.

참고로 칼레 씨는 2013년에 22세의 나이로 헬싱키의 프레쎄(Freese) 거리에 커피 바를 오픈했다(거리의 이름은 1691년에 태어난 시인이자 칼레 씨의 선조인 야코프 프레쎄를 기리며 붙여졌다). 프레쎄 커피(www.freesecoffee.fi)에서는 커피의 기술과 지식을 공유하는 워크숍도 운영하고 있다. 또 온라인으로 커피에 대해 배울 수 있도록 칼레 씨가 만든 사이트(www.forbetter.coffee)도 호평이다.

앞으로 경쟁은 더욱 치열해질 것이다

그들에 이어 2세대도 성장하고 있다. 핀란드의 컵테이스터 챔피언이 세운 카페, 싸뷔(P.59)를 계승한 알렉시 씨도 그중 한 명이다. 원래 싸뷔의 고객으로 5년 전에 원두 글라인더를 샀던 것이 커피에 눈 뜨게 된 계기라고 한다.

"핀란드 사람들은 이제야 커피가 어디에서 오는지 신경 쓰게 되었다. 커피의 품질을 추구하는 카페와 로스터리가 급격하게 늘어나고 있다. 나도 핀란드의 새로운 커피 문화를 성장시키는 사람이 되고 싶다."

카파 로스터리(P.18)나 굿 라이프 커피와 같이 제1의 물결과 함께 스톡홀름의 로스터리 요한&뉘스트롬(Johan&Nystrom)도 헬싱키에 콘셉트 숍을 열어 큰 인기를 끌고 있다. 라우리 씨 역시 '앞으로 경쟁은 더욱 치열해질 겁니다.'라고 말한다. 잡화점 한편에 있는 자그마한 카페에서도 뛰어난 로스터리 원두를 도입해 제공하고, 고급 카페의 대명사라고 말할 수 있는 파제르(P.28) 카페에서도 카파와 요한의 원두를 에어로프레스와 드립으로 제공한다. 헬싱키의 커피 시장은 그야말로 뜨겁게 성장하는 중이다.

10:00

역사를 간직한 아기자기한 마을 산책

역사가 살아 숨쉬는 거리를 걷는 것은 즐겁다. 헬싱키에서 가장 오래된 지역 중 하나인 발릴라 지구에서 당시의 삶으로 시간여행을 떠나보자.

**오래된 주거지에 자리 잡은
새로운 커뮤니티의 형태**

Puu Vallila
푸 발릴라

푸는 핀란드어로 나무를 의미한다. 푸 발릴라에는 20세기 초반 핀란드가 독립한 직후에 세워진 목조 가옥이 줄지어있다. 원래는 노동자 계급이 살던 주택으로 전반적으로 아담한 크기다. 지금은 아티스트와 대학 강사 등 역사가 있는 주거지를 좋아하는 사람들이 살며 새로운 커뮤니티가 생겨나고 있다. 가끔씩 개최되는 오픈 하우스에서는 그들이 사는 모습을 가까이서 엿볼 수 있다.

개방적인 생활을 선호하는 사람들이 많아 플리마켓이나 크리스마스 마켓이 열릴 때는 안뜰까지 들어갈 수 있다. 집에 따라서는 내부까지 보여주는 일도 있다.

발릴라 거리(Vallilantie) 주변 지역

주택 개조에는 엄격한 제한이 있어 주민끼리 보존을 위한 정보 교환도 한다. 혼자 사는 사람이 많지만 이웃과 함께 저녁을 먹는 일도 많고 상호 교류도 활발하다고 한다.

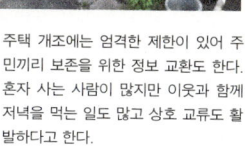

**아늑한 바에서
집 안 들여다보기**

Pikku Vallila
픽쿠 발릴라

푸 발릴라 안에 있는 명물 바. 평일은 오후 3시, 주말은 점심에 오픈하며 여름에는 가게 밖에서 술을 마시는 사람도 많다. 단골 고객이 많으며 근처에 사는 주민이 창문으로 손을 흔들기도 한다. 아늑함이라는 단어가 딱 들어맞는 바다.

- Vallilantie 19, 00510 Helsinki
- +358 9 701 3737
- 월~목 15:00 - 1:00 금 15:00 - 2:00
  토 12:30 - 2:00 일 12:30 - 1:00

11:30

화제의 테우라스타모에서
점심 식사

도살장이 스타일리시한
푸드 콤플렉스로 변신!
주목받는 레스토랑이 즐비한
테우라스타모에서 런치 타임.

가볍게 즐길 수 있는 핀란드 맛집

Kellohalli
켈로할리

테우라스타모란 도살장을 뜻한다. 그 역할이 끝난 뒤에도 역사적인 건물을 활용하기 위해 레스토랑을 시작했고 지금은 미식가들이 주목하는 장소가 되었다. 2012년 '세계 디자인 수도'의 주요 회장으로 사용된 것을 계기로 영업을 시작한 켈로할리는 테우라스타모 안에서도 특히 인기 있는 가게다. 엄선된 식재료를 사용한 핀란드 음식을 가볍게 즐길 수 있으며 실내에는 헬싱키의 인기 로스터리 'Helsingin Kahvipaahtimo'도 입점해 있다.

붉은 벽돌의 건물은 1933년에 지어진 것이다. 지하에는 예전에 장인들이 사용했다고 하는 사우나가 현재도 운영되고 있다.

- Työpajankatu 2 rakennus 1 e, 00580 Helsinki
- +358 50 339 5400
- 월~금 11:00 - 14:00 (시기에 따라 저녁 영업도 함)
- http://kellohalli.fi
  http://www.teurastamo.com

DAY 2

최근 북유럽 음식 트렌드에 맞게 채소가 듬뿍 들어가 있다. 안뜰에는 누구나 자유롭게 바비큐를 즐길 수 있는 공간도 있다. 여름에는 이벤트도 많이 열린다.

Photo: Maria Miklas

3 Days in Helsinki 53

13:00

요즘 가장 주목받는 동네 칼리오 산책

노동자들이 살던 동네였던 칼리오 지구. 개성 있는 상점과 카페가 잇따라 들어서는 화제의 동네를 산책해보자.

개성 있는 가게가 늘어나는 칼리오 Kallio

방문할 때마다 변화하며 헬싱키에서도 가장 눈에 띄게 변모하는 곳이 칼리오다. 10년 정도 전에는 '그런 곳에 가면 안 된다'고 한소리 들었을 노동자의 거리가 지금은 가장 핫한 장소로 탈바꿈했다. 예술가들이 자리 잡고 개성 있는 카페와 상점이 늘어나며 뉴욕의 브루클린 같은 존재가 되었다. 골동품이나 저렴한 먹거리, 특이한 것을 좋아하는 사람에게는 더할 나위 없는 장소다. 칼리오에 사는 사람과 상점을 운영하는 사람에게 매력을 물으니 '으스대지 않는 분위기', '무엇이든 가능한 곳', '유행을 창조하는 장소'라고 대답했다. 남녀노소를 불문한 다양한 사람들이 공존하는 독특하고 매력적인 지역이라고 할 수 있다.

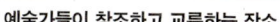

예술가들이 창조하고 교류하는 장소

Made in Kallio
메이드 인 칼리오

칼리오에 사는 예술가를 응원하며, 교류의 장을 만들고 싶다는 생각에서 시작된 상점. 칼리오를 포함한 핀란드 예술가의 작품을 소개하는 일 외에도 지하에 공방을 운영해 이곳에서 만든 옷과 액세서리도 판매한다. 오너 미야 씨는 '다양한 업종과 크리에이터가 교류함으로써 기술과 아이디어를 공유할 수 있다'고 말한다. 함께 운영 중인 카페에서는 키슈와 수프 런치 등 가벼운 식사 메뉴도 갖추고 있다.

카페의 인기 메뉴는 설탕이 듬뿍 들어간 블루베리 스무디.

친환경 상품을 고집한다. 어린이용 품도 다양하며 아이들을 데리고 방문하는 사람도 많다.

📍 Vaasankatu 14, 00550 Helsinki
🕐 화~금 10:00 - 18:00
  토 11:00 - 17:00
🌐 http://www.madeinkallio.fi

3 Days in Helsinki 55

**저렴한 빈티지 제품도
손에 넣을 수 있는 벼룩시장 스타일**

Kirppis Jade
키르피스 야데

키르피스란 벼룩시장을 의미한다. 빽빽하게 진열된 식기와 도구를 잘 들여다보면 아라비아와 이딸라의 희귀한 빈티지 상품이 가득하다. 빈티지 마리메꼬도 다양하며 비교적 저렴한 가격으로 구매할 수 있는 점도 매력이다. 핀란드의 빈티지를 좋아하는 사람은 꼭 방문해 볼 것!

신용카드는 사용할 수 없으므로 현금을 잊지 말고 준비할 것.

Aleksis Kiven Katu 30,
00510 Helsinki
화~금 11:00 - 18:00
토 · 일 10:00 - 15:00

원피스가 특히 다양하다. 컬러풀한 빈티지 주얼리와 가방, 구두도 있다.

📍 Fleminginkatu 8, 00530 Helsinki
📞 +358 50 5997 283
🕐 월~금 12:00 - 18:00
　토 12:00 - 16:00
🏠 http://www.ansa-kauppa.com

**중고 의류를 좋아한다면 이곳!
질 좋은 제품이 많은 빈티지 숍**

Ansa
앙사

50년대에서 80년대의 중고 의류와 액세서리 소품이 풍부한 앙사. 상태가 좋은 상품도 많고 디스플레이도 깔끔해 가게 구석에 있는 제품도 살펴보기 좋다. 취향을 말해주면 점원이 추천해주기도 한다. 가격도 양심적이므로 레트로 패션을 좋아하는 사람들은 꼭 방문해 보자.

**중고 의류에서 디자인 잡화까지
센스있게 갖춘 곳**

Olo-Huone
올로 후오네

개성 있는 가게가 가득한 칼리오에서도 특히 센스가 돋보이는 편집숍. 가게 이름은 핀란드어로 거실을 의미한다. 친구 집에 놀러 온 듯한 분위기이며, 가게 내부에는 카페도 있다. 칼리오 산책 중에 짧은 휴식 삼아 방문해보길.

- Fleminginkatu 7, 00530 Helsinki
- +358 44 0322207
- 월~금 11:00 - 18:00 토 12:00 - 17:00
- http://www.olo-huone.fi

중고 의류나 가구 외에도 핀란드 예술가의 상품을 소개하고 있다. 커피 원두는 스웨덴의 요한&뉘스트롬, 커피 메이커는 노르웨이 윌파(Wilfa) 사의 제품을 사용하는 숨겨진 커피 맛집이기도 하다.

커피 애호가가 고른 카페

Kahvila Sävy
카흐빌라 싸뷔

2010년에 오픈한 이래 국내외의 우수한 로스터리를 헬싱키의 커피 애호가들에게 한발 빠르게 소개해 온 카페. 커피의 맛을 판정하는 컵테이스팅 대회의 핀란드 챔피언에 빛나는 카이사와 미코 부부가 시작한 가게로 2014년에 새로운 오너에게 물려주고 나서도 변함없이 맛있는 커피를 제공하고 있다. 옛날부터 있던 골목 카페같은 소박한 분위기도 멋스럽다.

'홈메이드 케이크와 라테가 인기있다'고 말하는 새 오너 알렉시. 지금은 유명한 투르크의 커피 로스터 'Turun Kahvipaahtimo'의 원두를 헬싱키에서 최초로 소개한 가게이기도 하다.

📍 Aleksis Kiven katu 12,
   00500 Helsinki
🕐 월~목 7:30 - 18:00
   금 7:30 - 17:00 토 10:00 - 16:00
🌐 http://www.kahvilasavy.fi

18:00

스타일리시한
대중 음식 맛집 탐방

패스트푸드의 대표격 음식인
피자와 케밥이 미식으로 변신!
실력 있는 셰프가 만든
먹거리는 가벼운 저녁 식사로
안성맞춤.

오픈 이래 엄청난 인기를 자랑하는 뉴 케밥

Döner Harju
도네르 하르유

길 건너편까지 풍기는 맛있는 냄새에 나도 모르게 발걸음을 향하게 되는 칼리오의 새로운 명소. 프랑스와 핀란드의 유명 레스토랑에서 활약한 셰프가 시작한 케밥 전문점으로 2014년 2월에 오픈해 눈 깜짝할 새에 엄청난 인기 레스토랑이 되었다. 4시간 동안 200접시가 팔린 적이 있을 정도로 인기 있으며 유기농 콜라와 와인 등 음료 선택도 절묘하다. 케밥은 9€~.

- Fleminginkatu 23, 00500 Helsinki
- +358 45 180 5868
- 월~목 10:30 - 22:00 금 10:30 - 23:00 토 12:00 - 23:00 일 14:00 - 20:00
- https://www.facebook.com/DonerKallio

양도 넉넉한 케밥. 7종류의
칠리를 넣은 셰프 특제 오일
과 함께 먹어보자.

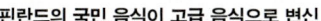

핀란드의 국민 음식이 고급 음식으로 변신

Putte's Bar & Pizzeria
푸테스 바&피제리아

핀란드 사람은 피자를 정말 좋아한다. 패스트푸드 피자 가게도 이곳저곳에 있으며 슈퍼마켓에 가면 냉동 피자가 가득하다. 국민 음식이라고 말해도 좋을 존재지만 맛있는 피자 가게는 적었던 헬싱키에 나타난 대망의 본격 피자 전문점. 커다란 가마에서 구워 나오는 피자는 헬싱키 최고의 피자로 꼽히고 있다. 피자는 11€~.

- Kalevankatu 6, 00100 Helsinki
- +358 10 2818243
- 월 · 화 11:00 - 24:00 수 · 목 11:00 - 2:00 금 · 토 11:00 - 3:00
  일 · 공휴일 12:00 - 24:00
- http://www.puttes.fi

인기 셰프 안토 멜라스니 에미가 운영하는 가게답게 맛도 뛰어나다.

3 Days in Helsinki

19:00

슈퍼마켓에서 나이트 쇼핑하기

상점 한국에 비해 폐점 시간이 비교적 빠른 핀란드. 하지만 슈퍼마켓에서는 저녁 늦게까지 쇼핑을 즐길 수 있다.

프라이빗 브랜드 (PB) 를 노려라!

K-Supermarket
K 슈퍼마켓

핀란드다운 식재료와 귀여운 패키지의 생활용품 등으로 가득한 슈퍼마켓은 그야말로 보물창고. 대형 체인점인 K 슈퍼마켓은 프라이빗 브랜드 제품도 귀엽다. 지하철 캄피 역 안에 있는 점포는 위치가 매우 편리하고 매장도 넓으며 밤 10시까지 영업한다. 급하게 선물을 살 때에도 편리하다.

이바나 헬싱키와 공동작업한 상품(왼쪽)으로 인기있는 프라이빗 브랜드 'PiRKKA'. 위쪽은 향신료 카다멈 가루, 아래는 비닐봉지 팩.

K-Supermarket(캄피 점)
- Urho Kekkosen katu 1 A 24, 00100 Helsinki
- +358 9 252 6060
- 월~토 7:00 - 22:00 일 10:00 - 22:00
- http://www.k-kamppi.fi

귀여운 패키지의 식재료와 핀란드의 맛을 발견!

Angry Birds nenäliina

①살짝 달달한 핀란드의 머스터드. ②핀란드에서 많이 쓰이는 바닐라 슈가와 베이킹파우더. 제과 재료도 양증맞다. ③④인기 있는 일러스트레이터 마우리 쿤나스와 에릭 브룬의 유명한 그래픽을 사용한 드링크. ⑤우유나 요구르트와 함께 먹는 드라이베리와 잡곡을 섞어 가벼운 식사를 할 수 있다. ⑥핀란드에서 제작되어 세계적으로 인기를 얻고 있는 앵그리버드가 그려진 티슈. ⑦말코손바닥사슴과 뇌조 등의 육류 통조림 식품도 있다.

3 Days in Helsinki 63

20:30

북유럽 크래프트 맥주로
건배하기

개성있는 맥주를 만드는 양조장이 급증하고 있는 북유럽. 헬싱키의 지역 맥주나 북유럽 맥주를 맛보자.

헬싱키의 지역 맥주를 마시고 싶다면

Bryggeri Helsinki
브뤼게리 헬싱키

핀란드에서 맥주는 가장 가볍게 마시는 알코올이다. 물 대신 마시는 사람도 많은 헬싱키에 드디어 크래프트 맥주 가게가 등장했다. 밝고 스타일리시한 카페 분위기의 가게 내부는 지금까지의 맥주 펍과는 다른, 여성 혼자서도 들어가기 쉬운 분위기다. 주방도 본격적으로 갖추고 있어 지하에서 양조된 맛있는 맥주와 함께 제대로 된 코스 요리를 맛볼 수 있는 새로운 스타일의 가게다.

가게 지하에서 양조된 맥주와 더불어 노키아와 탄페레 등 핀란드 국내의 우량 양조장에서 들여온 제품들도 두루 갖췄다. 헬싱키 대성당에서 가까우며 여름에는 테라스석도 인기다.

- Sofiankatu 2, 00170 Helsinki
- +358 10 235 2500
- 월~금 11:30 - 24:00 토 12:00 - 24:00
- http://www.bryggerihelsinki.fi

DAY 2

북유럽의 유명 양조장이 한데 모인

01 Hus Stockholm
오르후스 스톡홀름

북유럽의 크래프트 맥주를 소개하는 것을 콘셉트로 하는 맥주 펍. 세계적으로 이름을 떨치는 코펜하겐의 양조장, 미켈러를 시작으로 노르웨이와 스웨덴의 실력파 크래프트 맥주를 생으로 맛 볼 수 있으며 병맥주도 풍부하게 갖추고 있다.

메뉴판에는 북유럽 각국의 국기가 그려져 있다. 핫도그 등 가벼운 식사 메뉴도 인기다. 같은 콘셉트의 바가 시내에 4곳 더 있다. 지역 크래프트 맥주 팬들의 평가도 좋은 편.

- Annankatu 27, 00100 Helsinki
- +358 10 76 64100
- 월~목 15:00 - 1:00 금·토 13:00 - 2:00
  일 15:00 - 22:00
- http://www.oluthuone.fi

3 Days in Helsinki 65

정치의 중심이었던 명물 맥주 펍

Juttutupa
유투투파

헬싱키에서도 가장 긴 역사를 자랑하는 맥주 펍 중 하나로 사회민주당의 활동 거점이 된 적도 있는 유명 펍. 저명한 혁명가가 몰래 방문했다고 전해지며 그중에는 레닌과 스탈린의 이름도 있다고 한다. 중세 성 같은 외관으로 가게 내부도 기대에 걸맞게 클래식한 분위기다. 함께 운영 중인 레스토랑에서는 본격적인 식사를 즐길 수 있으며 정기적으로 재즈 라이브도 열리고 있다.

- Säästöpankinranta 6, 00530 Helsinki
- +358 20 7424 240
- 월·화 10:30 - 24:00
  수·목 10:30 - 1:00
  금 10:30 - 3:00 토 11:00 - 3:00
  일 12:00 - 20:00
- http://www.juttutupa.com

①혁명가 오토 쿠시넨을 비롯해 레닌, 스탈린 등이 술잔을 기울였다고 전해지는 '혁명의 테이블'.

방에서 마신다면 이 맥주!

KARHU
카르후
시네브리코프 양조장

핀란드의 상징인 곰을 라벨에 그려 넣은 대표 병맥주. 목넘김이 묵직한 갈색 계열의 페일 라거(Pale Lager). 1819년에 창업한 시네브리코프는 현존하는 북유럽 양조장 중 가장 오래된 곳이다.

Koff
코프
시네브리코프 양조장

핀에어 기내에서도 마실 수 있는 익숙한 맛. 헬싱키의 여름 명물로 차 안에서 맥주를 마실 수 있는 펍 트램도 운영한다. 쓴맛이 강하다.

Karjala
카르야라
하트월 양조장

하트월은 핀란드의 톱 제조업체다. 라벨에 있는 건 카렐리야 지방의 문장으로 스웨덴과 러시아의 칼을 든 팔이 그려져 있다.

Lapin Kulta
라핀 쿨타
하트월 양조장

라플란드에 뿌리를 둔 인기 브랜드. 첫 느낌은 가벼우며 여름에 벌컥벌컥 들이키기에 좋다. 100% 유기농 보리로 만든 타입도 인기다.

Sandels
산델스
올비 양조장

라벨에 그려져 있는 것은 1808년 핀란드 전쟁에서 활약한 영웅 산델스. 레스토랑과 펍에서도 자주 볼 수 있는 대중적인 브랜드이다.

Olvi
올비
올비 양조장

산델스와 함께 인기를 자랑하는 올비 양조장의 맥주. 라거에서 흑맥주에 이르기까지 라인업도 풍부하며 올비III는 맥주 대회에서 입상하기도 했다.

Kukko
쿠꼬
라이티란 양조장

쿠꼬(핀란드어로 수탉)의 일러스트가 귀여운 브랜드. 필스너 외에 라거와 에일 등 다양한 타입이 있으며 고급 레스토랑에서도 판매하는 브랜드다.

핀란드의 술은 국가 전매제다. 슈퍼에서 살 수 있는 것은 레벨3(4.7%)인 맥주까지. 알코올이 강한 맥주는 'Alko'라는 간판을 걸어둔 전매점에서 살 수 있다.

 http://www.alko.fi

3 Days in Helsinki

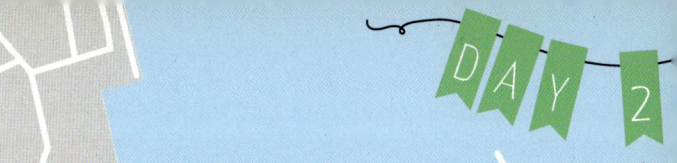

● 테우라스타모/켈로할리
P.52

Ⓜ Kalasatama
   Fiskhamnen

푸 발릴라~테우라스타모~칼리오는 도보로도 이동 가능한 거리다. 칼리오를 산책할 때에는 양사 근처의 카렌 거리(Kaarlenkatu)와 플레밍긴 거리(Fleminginkatu)에 귀여운 카페와 상점이 많으므로 추천한다.

••••••	도보 루트
●──3──▶	추천 승차 루트
───	트램 선로
─ ─ ─	지하철
Ⓜ Rautatientori / Järnvägstorget	지하철역

상단 핀란드어
하단 스웨덴어

※번호가 기입되어 있는 라인은 트램,
 M이라 쓰여있는 라인은 지하철로 이동.

3 Days in Helsinki 69

곰이 좋아!

핀란드를 대표하는 동물 곰. 숲의 왕이자 신성한 동물로서 숭배받아왔다. 그래서인지 핀란드어로 곰을 나타내는 말은 무려 200 가지 이상이라고! 실제로 곰은 핀란드 동부와 라플란드에서 서식하고 있는데 사실은 헬싱키의 거리에서도 이런 곰들을 만날 수 있다.

아라비아의 미술관에는 타이스토 카시넨(Taisto Kaasinen)이 만든 도자기 곰이 살고 있다.

칼리오 지구에는 곰 공원이 있다.

반타 공항의 차량 정지용 동상도 곰이다.

핀란드인이 사랑하는 맥주 브랜드도 카르후(핀란드어로 곰).

DAY 3

핀란드의 전통

전통의 맛과 역사를 느낄 수 있는 장소에서
주말을 보내는 참신한 아이디어

8:30

딸기와 피로시키 먹으러
아침 시장 가기

아침 시장에 가는 것은 여행지에서의 즐거움 중 하나. 그곳만의 식재료를 구경하고 맛보며 아침 식사로 빵과 커피도 맛보자.

신선한 식재료가 한데 모여 있는
헬싱키의 부엌

Hakaniemen
Kauppahalli

하카니에미 마켓

2014년에 창업 100년을 맞이한 하카니에미 마켓. 헬싱키에 사는 사람들의 부엌으로 사랑받아온 서민적인 시장으로 특히 토요일 아침은 많은 사람으로 인산인해를 이룬다. 가게 앞은 제철 채소와 과일로 넘쳐나며 야외 테이블에는 피로시키와 커피를 즐기는 사람들의 모습도 보인다. 이른 아침의 활기를 느끼러 가보자.

- Hakaniemen Kauppahalli, 00530 Helsinki
- 월~금 8:00 - 18:00 토 8:00 - 16:00
  (점포에 따라 영업시간이 다름)
- http://www.hakaniemenkauppahalli.fi

①어란과 연어를 올린 샌드위치는 해산물 반찬가게 '칼라리케'에서 판매한다. ②인기 베이커리 '에로망가'의 피로시키와 연어 키슈. ③인기 메뉴 시나몬롤도 발견. ④수프 가게 '소파케이티오'의 당근수프.

3 Days in Helsinki

한 번쯤 맛보고 싶은 핀란드 명물 음식

①뿌리 채소와 생선 등을 호밀빵으로 감싼 '쿠꼬'는 카렐리야 지방의 명물. ②유럽에서는 드물게 작은 생선을 먹는 핀란드인. 빙어와 비슷한 맛인 '무이꾸'는 튀김으로 많이 먹는다. ③호밀빵 안에 생선과 돼지고기를 채워 넣은 '칼라쿠꼬'. ④⑤연어와 당근은 훈제하거나 식초에 절여 먹는 경우가 많다. ⑥라플란드의 명물 치즈 '레이파유스토'. 잼과 함께 먹거나 커피를 넣는 것이 핀란드식. ⑦핀란드 명물 '가재' 모양 게맛살.

2층에는 소박한 잡화와 마리메꼬도

전통적인 목제 잡화 가게와 수공예점, 오래된 잡지와 동전 전문점 등 소박한 가게들도 있는 2층. 마리메꼬는 작은 공간이지만 직물과 잡화가 균형 있게 갖춰져 있다.

하카니에미 마켓에서 32년째 영업하고 있는 단추가게. 전통적인 무늬의 레이스와 60년대 목제 단추 등 레트로한 상품들이 눈을 즐겁게 해준다. 시장 건물 내부는 2017년부터 리모델링 예정이다.

3 Days in Helsinki 75

10:00

귀여운 우표로 편지 보내기

예쁜 디자인의 핀란드 우표를 붙여서 편지를 보내보자.

귀여운 걸 좋아한다면 바로 이곳

Posti Keskusta
중앙우체국

귀여운 우표와 소포용 상자 등 디자인을 좋아하는 이들이라면 눈이 번쩍할 아이템이 가득한 핀란드의 우체국. 중앙역 옆에 있는 커다란 우체국에는 우편과 관련된 제품 이외에도 과자와 디자인 소품 등 핀란드 브랜드가 한데 모여 있다. 2015년부터 메인 로고를 시작으로 디자인을 개혁해 나가고 있는 우체국. 새로운 디자인의 우편 아이템도 기대된다.

- Elielinaukio 2F, 00100 Helsinki
- +358 2 007 1000
- 월~금 8:00 - 20:00 토 10:00 - 16:00 일 12:00 - 16:00
- http://posti.fi

모으고 싶어지는 우표들

무민과 산타클로스, 자연 풍경 등 모으고 싶어지는 핀란드의 우표들. 그래픽 디자이너, 사나 만델 씨가 전통 악기인 칸텔레(Kantele)를 그린 우표(위)는 유럽 우표경연대회에서 2위에 입상. 스마트폰으로 촬영하면 민족 음악의 영상을 볼 수 있도록 제작되었다고 한다.

> **한국으로 편지 보내기**
>
> 20g 이하의 편지는 1.10€ 우표로 한국까지 보낼 수 있다. 우표와 PRIORITY 씰을 붙여서 오렌지색 우체통 또는 1이라 쓰여 있는 파란 우체통에 넣으면 된다.

①기념우표 발매일의 소인이 찍힌 '퍼스트데이 커버' 봉투도 판매. ②소포용 상자와 봉투는 핀레이슨과 이바나 헬싱키, 무민 중에 고를 수 있다. ③친환경 소재를 사용한 잡화로 인기인 '글로브 호프'의 파우치도 있다.

3 Days in Helsinki 77

11:00

벼룩시장에서 빈티지 찾기

북유럽 빈티지 명품부터 집 안에서 잠자고 있던 식기와 도구까지, 운명적인 만남을 기대하며 벼룩시장으로!

항구 옆에서 열리는 인기 벼룩시장

Hietalahden Kirpputori

히에타라하티 마켓

Hietalahdentori, Helsinki
월~금 8:00 - 18:00 토 8:00 - 16:00
(5~9월은 일 10:00 - 16:00도 개최)

헬싱키에서 가장 유명한 벼룩시장이라고 하면 바로 이곳이다. 1년 내내 개최되며 여름철에는 기본적으로 매일 열린다. 빈티지 마리메꼬가 쌓여있는 가게나 아라비아의 명품이 가득한 프로들의 출점도 늘어나 빈티지 열풍이 뜨거워지고 있음을 실감할 수 있다. 값싼 물건을 찾는 사람에서 컬렉션 수집가까지 빈티지 제품을 좋아하는 사람들이 눈을 반짝이는 플리마켓이다.

광장에 위치한 마켓홀은 최근 푸드코트로 리뉴얼되고 있다.
여름철에는 출점 수가 늘어나 한층 북적인다.
①은빛 돼지저금통은 은행의 예전 고객 사은품.

3 Days in Helsinki 79

북유럽 빈티지 홀릭

빈티지를 좋아하는 이유

찾고 있던 걸 딱 찾아냈을 때의 기쁨. 어느 날 갑자기 물건에 얽힌 사연을 알게 되었을 때의 재미. 빈티지의 즐거움은 다양하다. 당시 어떻게 쓰였는지 얼마나 인기가 있었는지, 딜러나 점주와 좋아하는 디자이너 이야기로 수다 꽃을 피우거나 정보 교환을 하는 것도 재미 중 하나. 1940년대 후반부터 핀란드인의 생활과 디자인은 다시 태어났다. 전쟁이 끝난 후 새로운 생활에 거는 기대와 디자인이 성숙하는 시기가 겹쳐 행복한 황금기를 보냈다. 50~60년대의 핀란드 디자인에서는 밝고 즐겁고 아름답게 만들고자 하는 기개마저 느껴진다. 마리메꼬와 아라비아, 이딸라 모두 디자인에서 열의가 느껴진다.

역사와 자연이 깃들어 있다

1961년에 제조되어 아라비아를 대표하는 히트작이 된 '루스카(Ruska)'는 마치 동양의 도예작품 같다. 루스카란 단풍을 의미하는데 북유럽에도 단풍이라는 게 있다는 사실을 새삼 깨닫게 된다.

루스카는 아라비아가 처음으로 만든 '석기' 시리즈로 오븐에도 사용할 수 있으며 식기 그대로 식탁에 낼 수 있는 획기적인 아이디어로 주부들의 마음을 사로잡았다. 튼튼한 것도 특징인데 풍문으로는 '슬슬 새로운 식기로 바꾸고 싶은데 좀처럼 망가지지 않아서'라며 쓴웃음 짓는 사람도 많다고.

북유럽 빈티지의 아이콘적 존재라고 하면 안티 누르메스니에미(Antti Nurmesniemi)가 디자인한 법랑 커피포트일 것이다. 크기와 색깔이 제각각 달라 여러 개를 모으는 수집가도 있다. 참고로 이 포트는 퍼콜레이터 식으로 되어 있어서 분쇄 원두를 포트에 직접 넣어 우려내는 핀란드의 전통적인 '주전자 커피'에도 제격이다.

옛날부터 커피를 마셔온 나라답게 커피 도구에도 좋은 디자인이 많다. 에스테리 토물라(Esteri Tomula)가 만든 커피 보존 용기에는 각국의 언어로 커피라고 쓰여 있다. 핀란드어, 스웨덴어, 영어, 그리고 러시아어 등. 스웨덴에서 러시아로 할양된 핀란드의 역사가 이곳에서도 살짝 엿보인다.

핀란드의 디자인은 자연에서 영감을 받은 것이 많다. 타피오 비르칼라(Tapio Wirkkala)의 제품도 좋은 예다. 라플란드의 풍경을 떠올리게 하는 '울티마 툴레', 핀란드인이 사랑하는 버섯을 고급스럽게 표현한 '칸타렐리', 빙산처럼 보이지만 별꽃을 모티브로 했다는 '스텔라리아'. 방에 두면 마치 핀란드의 자연 속에서 숨 쉬고 있는 듯 한 기분이 들 것 같다. 참고로 지금도 생산되고 있는 스테디셀러 '울티마 툴레'는 처음에는 '절대로 안 팔릴 것'이라는 말을 들었다고 한다. 타피오의 많은 작품이 만들어진 라플란드의 여름 별장에는 타피오 본인이 만든 가구와 도구가 남아있다고 한다. 타피오는 핀란드에서 가장 사랑받는 디자이너 중 한 명이지만 그가 만든 물건 중 상품화된 것은 4할 정도. 세상에 나오지 않은 타피오의 작품은 미술관에 보관되어 있는 것이 아니라 가족들이 계승하며 일상 도구로 사용하고 있다고 한다.

현지에서 만나는 스토리와 아이디어

지금은 이딸라를 대표하는 제품인 '카스테헬미'나 새 시리즈는 원래 오이바 토이카(Oiva Toikka)가 누타야르비(Nuutajarvi) 사에서 만든 것이었다. 누타야르비는 핀란드에서 가장 오래된 유리 공장으로 훗날 이딸라와 합병해 생산을 계속해 오고 있다. 마니아 앞에서 실수로 "이 이딸라의 새가…"라고 말하면 "이건 누타야르비 제품입니다. 오이바는 원래 누타야르비

의 디자이너라고요."라며 정색하기도 한다고. 이런 에피소드도 들었다. 누타야르비의 공장에 화재가 나 당시 이딸라에 재직하던 카이 프랑크가 재건을 위해 파견되었다. 그래서 공석이 된 디자이너 자리에 타피오 비르칼라와 티모 사르파네바(Timo Sarpaneva)가 들어갔다. 이 두 명의 디자이너가 이딸라를 지금의 굳건한 자리까지 이끌게 된다.

헬싱키를 걷다 보면 빈티지가 곳곳에서 자연스럽게 사용되고 있다. 예를 들면 카페에서 커피를 주문하면(딱히 빈티지 마니아의 가게도 아닌데) '그라포니아'의 컵이 나온다거나 밀크피쳐에 꽃을 장식하는 등 사용 방법도 각양각색. 라이야 우오시키넨(Raija Uosikkinen)이 데코레이트 디자인을 한 목제 뚜껑 용기는 원래 소금통이지만 한국에서 여기에 소금을 넣으면 습기를 먹어 딱딱하게 굳어 버릴 듯하다. 잼 용기도 마찬가지로 실제로 잼을 넣기에는 조금 불안하다. 그렇다면 현관 앞에 두고 열쇠나 도장을 넣어둔다거나 레이스나 리본 등 자잘한 수공예품을 넣어둔다거나 개별 포장된 조미료를 넣어두는 식으로 사용할 수 있을 것이다. 현지인들의 사용법을 참고해 자유롭게 쓸모를 상상해보는 것도 빈지티의 즐거움이다.

①에스테리 토물라의 커피 보관용기. ②'루스카'의 컵과 컵 받침. ③캔들 홀더 '스텔라리아'. ④⑤라이야 우오시키넨이 무늬를 그려 넣은 소금통과 잼 용기. ⑥지금은 없어진 리히마키 사의 '그라포니아' 시리즈.

행복한 한 때
주말 브런치 즐기기

주말 낮에는 넉넉하게 브런치를
즐기는 것이 최근 핀란드 트렌드!
금방 예약이 차버리는
인기 브런치 가게로 가보자.

헬싱키에서 가장 인기 있는 브런치

Sandro
산드로

헬싱키의 브런치 랭킹 1위에 빛나는 인기 레스토랑. 모로코&레바논 요리 중심으로 신선한 채소를 듬뿍 사용한 음식이 특징이다. 가게에 들어서면 제일 먼저 샴페인이 우릴 반겨준다. 접시에 담긴 모습도 다이나믹해 보는 재미가 있고, 10종류 이상의 케이크가 진열되어 있는 디저트 코너는 감동 그 자체. 배를 싹 비우고 찾아가고 싶은 가게다.

브런치는 주말 10시, 12시, 14시이며 예약 필수. 샴페인 포함 26.90€. 토요일은 베지테리언, 일요일은 고기 요리 중심 메뉴. 채소가 중심인 모로코&레바논 요리는 건강한 삶을 지향하는 헬싱키에서 인기를 끌고 있다.

- Kolmas Linja 17, 00530 Helsinki
- +358 9 428 92317
- 월~목 10:30 - 24:00 금 10:30 - 2:00 토 10:00 - 2:00 일 10:00 - 24:00
- http://sandro.fi

Brunssi
핀란드의 브런치

브런치는 평균 1인당 20~30€. 결코 싼 가격은 아니지만 현지인에 따르면 한 끼를 제대로 호화롭게 먹는 것이라 생각하면 적당한 가격이라고. 신선한 채소와 과일을 마음껏 먹는 것은 핀란드에서는 쉽지 않은 일이라고 한다. 인기 레스토랑의 브런치는 예약 필수!

레트로한 인테리어도 볼거리

Olipa Kerran...
올리파 케란

소코스 호텔 알렉산테리 내에 있는 레스토랑 올리파 케란. 이곳의 브런치는 오픈 전부터 기다리는 손님으로 붐빈다. 가게 이름은 '옛날 옛적 어떤 곳에...'라는 의미로 가게 내부에는 오래된 악기와 축음기, 구형 파마 기계 등 레트로한 아이템이 가득하다. 장난감 상자 같은 인테리어에 마음이 들뜬다.

브런치 가격은 19€. 작은 팬케이크와 가토 쇼콜라는 브런치 인기메뉴. 특이한 레트로 잡화로 가득한 가게 내부는 한 폭의 그림 같다.

- Albertinkatu 34 , 00180 Helsinki
- +358 20 1234 643
- 월~목 11:00 - 22:30 금 11:00 - 23:00
  토 13:00 - 23:00
- http://www.raflaamo.fi/fi/helsinki/olipa-kerran

전통있는 카페의 소박하고 맛있는 브런치

Cafe Ekberg
카페 에크베르그

핀란드에서 가장 오랜 역사를 자랑하는 베이커리 카페. 인기 있는 조식 뷔페는 주말에는 점심까지 이용할 수 있는 브런치 스타일이다. 콜드컷과 치즈, 스크램블 에그 등 소박하지만 맛은 최고다. 무엇보다 에크베르그의 빵을 무제한으로 먹을 수 있어 언제나 붐빈다.

Bulevardi 9, 00120 Helsinki
+358 9 68118660
월~금 7:30 - 19:00 토 8:30 - 17:00
일 9:00 - 17:00
http://www.cafeekberg.fi

뷔페에는 대표 메뉴인 크루아상과 페이스트리, 핀란드 명물 포리지(오트밀을 우유나 물로 끓인 죽)도 있다. 가게 옆에는 베이커리를 함께 운영하고 있다. 아늑한 분위기로 현지인들에게도 인기다.

주말 조식 뷔페는 17.90€. 오픈부터 13:30까지 이용 가능.

13:30

아라비아에서 핀란드 생활 엿보기

핀란드 가정에는 반드시 있다고 하는 아라비아. 지금도 운영 중인 공장과 미술관에는 핀란드인의 생활이 숨 쉬고 있다.

공장이 있는 건물 내부에는 미술관 외에 도서관과 레스토랑, 카페, 아웃렛도 들어서 있다.

①아라비아를 대표하는 디자이너 중 한 명, 울라 프로코페(Ulla Procope)의 코너.
②1970년대에 제조된 파엔자(Faenza) 시리즈. '매일 쓰는 식기를 즐겁게', '아라비아로 다채로운 조합을' 같은 캐치카피가 적힌 당시의 포스터와 함께 전시되어 있는 점도 흥미롭다.

먼저 미술관에서 눈 호강을 하자

Designmuseo Arabia
디자인 뮤지엄 아라비아

9층에 있는 미술관에서는 아라비아의 역사를 만들어 온 디자이너와 작품을 소개하고 있다. 빈티지 시장에서 급격하게 가격이 올라가고 있는 그릇도 한데 모여 있으며 벽 한쪽에 장식되어 있는 역대 컵&컵받침 전시는 압권이다. 상품으로는 나오지 않은 프로토 타입이나 하나만 만들어진 아트피스 등 귀중한 전시품도 놓치지 말 것.

- Hämeentie 135, 00560 Helsinki
- +358 20 439 5357
- 화-금 12:00 - 18:00 토 · 일 10:00 - 16:00
  (10~3월은 화요일도 휴무)
- http://www.designmuseum.fi

③입구 옆에는 젊은 아티스트 킴 시몬슨(Kim Simonsson)의 오브제가 있다.
④'파라티시(Paratiisi)'로 알려진 비르게 카이피아이넨(Birger Kaipiainen)의 화려한 새 오브제.
⑤헤이니 리타후타(Heini Riitahuhta)의 '루노(Runo)' 시리즈를 위해 색상 테스트를 했던 판상 도자기도 전시.

3 Days in Helsinki 87

공장 곳곳에 예술 작품이

공장을 견학하는 투어도 수시로 진행 중이다. 1940년대에는 2000명 이상의 종업원이 근무했다고 하는 아라비아 공장. 공장 안에는 당시의 사진과 오래된 벽화가 남아 있어 과거 핀란드인의 생활을 현대인에게 전달하는 미술관의 역할도 하고 있다.
공장 견학 예약 및 문의는 전화 +358 204 39 5326 또는 메일 arabia.visitors@fiskars.com으로. 견학료는 1~10명 그룹 당 40€.

①판상 도자기로 덮인 '생명의 나무'라고 불리는 이 기둥은 아라비아에 재직하던 디자이너 린드 프란체스카의 작품. ③지중해의 고대 도예를 연상시키는 벽화는 1947년에 제작된 것이다. ②60년대 공방의 모습을 남긴 사진도 있다.

DAY 3

① 2013년에 140주년을 맞이한 아라비아의 기념 플레이트와 파라티시의 특별 컬러 등을 전시.
② 굽기 전의 파라티시. 기계화가 진행되어도 그림 시트를 붙이는 작업과 유약 확인 등의 일부 작업은 지금도 수작업으로 한다고 한다.
③ 거대한 가마에서 천천히 구워낸다.

아라비아는 원조 헬싱키

18세기에 세워져 오랜 시간 헬싱키 최대의 건물로 군림하던 아라비아 공장. 브랜드명의 유래가 된 아라비아 지구는 실은 수도 헬싱키의 탄생지다. 1550년 스웨덴 왕이 헬싱키를 세운 곳이 바로 이 땅이었던 것. 1640년에 헬싱키는 현재의 도시역으로 이전하고, 아라비아 지구 주변은 디자인과 예술, 과학 기술을 발신하는 지역으로서 발전하고 있다.

디자인을 감상한 뒤에는 쇼핑

Iittala/Arabia Factory Outlet

이딸라/아라비아 팩토리 아웃렛

'2-laatu'라고 쓰인 B급품 코너에는 값싼 상품들이 진열되어 있다. 공장 한정 머그잔 등 팩토리숍에서만 누릴 수 있는 쇼핑을 즐겨보자. 면세 수속 및 해외 발송도 가능하다.

⊙ 월~금 10:00 - 20:00
토 · 일 10:00 - 16:00

16:00

숲에 온 기분으로
휴식하기

휴일에는 숲과 공원에서 시간을 보내는 핀란드 사람들을 따라 느긋한 커피 타임을 가져보자.

이상적인 커피 타임을 가질 수 있는 곳

Cafe Regatta
카페 레가타

보트 레이스가 개최되는 바다가 훤히 내다보이는 카페 레가타는 바쁜 일상을 잊고 지내기에는 최적의 장소다. 산장 같은 가게의 모습은 마치 북유럽인의 여름 별장에 놀러 온 듯한 기분을 들게 한다. 커피와 시나몬롤의 완벽한 조합을 즐기며 한숨 돌리는 것도 좋고, 핀란드에서 인기 있는 소시지 그릴을 체험해 보는 것도 좋을 듯하다. 핀란드식 휴식 시간을 만끽해보자.

- Merikannontie 8, 00260 Helsinki
- +358 40 4149167
- 월~일 9:00 ~ 21:00
- http://www.facebook.com/pages/Cafe-Regatta-official/125305227553336

DAY 3

여름 별장을 방문한 것 같은 한가로운 분위기. 핀란드의 전통적 외벽 색인 빨간색이 새 둥지에도 사용되고 있다. 그릴 코너의 '집에서 가져온 건 구우면 안 됩니다'라는 경고문에 나도 모르게 웃음 짓게 된다.

3 Days in Helsinki 91

17:15

백화점에서 효율적인
막간 쇼핑

짧은 시간을 들여 현명하게 쇼핑을 해야 한다면 역시 백화점만 한 곳이 없다. 마지막으로 둘러 기념품도 찾고 쇼핑을 즐겨보자.

꽤 괜찮은 쇼핑 장소

Sokos
소코스 백화점

Mannerheimintie 9, 00100 Helsinki
+358 10 766 5100
월~금 9:00 - 21:00 토 9:00 - 18:00
일 12:00 - 18:00
(계절에 따라 변동 있음)
http://ww.sokos.fi

헬싱키 중앙역 앞에 있는 소코스 백화점은 접근이 쉽고 주말에도 영업을 하기 때문에 시간이 한정된 여행자들의 든든한 조력자다. 이딸라나 마리메꼬 등의 브랜드가 다수 입점해 있으며 다른 곳보다 싼 경우도 있다. 백화점 안에서 산 물건은 전부 면세 혜택을 받을 수 있어 이득이며 편리하다. 지하에는 소코스 계열 슈퍼마켓도 있으니 함께 들러보자.

핀란드 전역에 체인을 가지고 있는 소코스 그룹은 사실은 거대한 생협이다. 호텔과 슈퍼마켓도 운영하고 있어 핀란드를 여행하다보면 한 번은 보게 될 것이다.

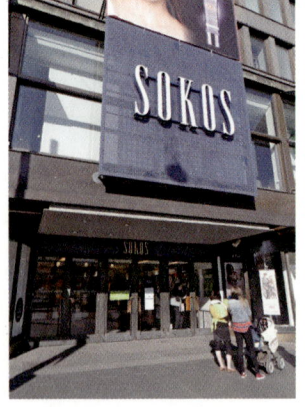

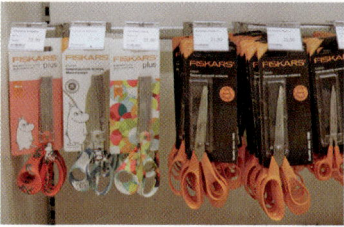

면세 쇼핑의 노하우

영수증마다 합계 40€ 이상이면 면세 대상이 되므로 개별로 계산하지 말고 한 번에 한 계산대에서 지불하는 걸 추천한다. 3층의 서비스 카운터(Palvelupiste)로 가져가면 면세품 처리를 해준다.

이곳도 추천!

Stockmann
스톡만 백화점

헬싱키의 얼굴이라고 불리는 역사 깊은 백화점. 상품군도 매우 다양하며 화려한 쇼 윈도우는 계절마다 화제가 되기도 한다.

https://stockmann.com

19:00

변치 않는
전통의 맛 느끼기

헬싱키의 마지막 밤은 오래된 레스토랑에서 마무리하며 전통요리를 배부르게 먹어보자.

맛있는 전통요리를 넉넉하게 즐기고 싶다면

Cella
셀라

- Fleminginkatu 15, 00500 Helsinki
- +358 9 768430
- 월~금 15:00 - 2:00
  토·일 12:00 - 2:00 (음식 주문은 매일 21:45 마감)
- http://www.kantri.fi/cella

칼리오 지구의 인기 있는 전통음식 레스토랑 '셀라'. 연어 수프와 무이꾸 튀김 등 핀란드를 대표하는 전통음식이 한 데 모여 있으며 대표 메뉴인 블린니도 두말할 것 없는 식감을 자랑한다. 스포츠 바도 함께 운영하고 있는데 국내외 소규모 양조장에서 들여온 맥주도 두루 갖추고 있어서 음주를 즐기고 싶은 사람도 만족할 장소다. 맛, 분위기, 가격의 삼박자가 들어맞는 가게.

핀란드 전통의 맛

블리니
감자가 들어간 팬케이크로 러시아 음식인 블리니 (Blini). 어란과 함께 먹는다. 1월~초봄은 특히 어란 이 맛있는 계절. 12.50€

연어 수프
농후한 크림맛 연어 수프. 맛을 결정하는 것은 듬뿍 들어간 딜 (Dill). 검은 빵과 잘 어울린다. 11.9€(하프사이즈 9.20€).

무이꾸 튀김
빙어같은 작은 물고기 무이꾸(Muikut)도 핀 란드에서 많이 먹는 생선. 보통 튀겨서 먹으 며 맥주 안주로도 안성맞춤이다. 15.80€.

훈제 연어
핀란드에서 가장 친숙한 음식 중 하나. 살짝 달달한 머 스터드 소스를 곁들여 먹는다. 8.40€.

부활절 과자 '멤미(Mämmi)' 맛이 나는 스 타우트(좌)와 탐페레의 소규모 양조장에서 조달한 시마(Sima). 시마는 핀란드의 벌꿀 주, 미드(Mead)를 의미한다.

순록과 미트볼을 무제한으로 즐기자

Konstan Mölja
콘스탄 모르야

지갑 사정을 신경 쓰지 않고 전통음식을 배부르게 맛보고 싶다면 바로 이곳. 뷔페 스타일이므로 순록이나 버섯요리 등 핀란드 전통의 맛을 조금씩 맛보기에도 좋다. 맘에 드는 음식은 무제한 리필이 가능하다. 입구 앞 마룻바닥은 카렐리야 지방의 부두에서 이축한 것. 배와 항구에 관련된 물건에 둘러싸여 있다 보면 왠지 모를 향수에 빠지게 된다. 마음씨 좋은 부부가 운영하는 아늑한 분위기에 취해 지나치게 과식하지 않도록 조심할 것.

📍 Hietalahdenkatu 14, 00180 Helsinki
📞 +358 9 694 75 04
🕐 화~금 17:00 - 22:00
　토 16:00 - 23:00
🌐 http://www.kolumbus.fi/konstanmolja

디너 뷔페는 1인당 19€. 가게 이름에 있는 모르야란 부두를 의미한다. 창업자는 카렐리야 지방의 항구 마을 출신으로 부표와 지도 등 배와 관련된 물건들이 가게 이곳저곳에 장식되어 있다.

핀란드의 미식 이야기

전통적인 핀란드 요리는 심플하다. 삶거나 굽거나 훈제하거나 식초 또는 소금에 절이거나. 혹은 생으로 신선한 맛을 즐긴다. 대부분이 이러한 조리법으로 설명된다. 그러나 젊은 셰프 중에는 프랑스 등 세계 음식 대국에서 실력을 쌓은 사람도 많으며 소스와 장식 등에도 뛰어난 기술이 묻어나온다. 그러나 절대 과하지 않다. 이것은 핀란드 요리의 특징 중 하나일지도 모른다.

쿠르나(P.38)와 푸테스(P.61)를 이끈 셰프 안토 멜라스니에미가 진행 중인 유니크한 시도 중에 솔라 키친이 있다. 태양광을 사용한 요리 시스템을 밀라노 살로네에서 선보인 이후 2012년 일본 방문 시에 시연하기도 했다. 맛과 품질, 국산 재료를 사용하는 것도 빼놓을 수 없는 점. 현대의 주방에는 무엇이 필요한가, 거기까지 생각하고 있는 점도 친환경 대국 핀란드답다.

세계에서 제일가는 레스토랑으로 선출된 코펜하겐 NOMA의 셰프 '르네 레제피(René Redzepi)'를 포함 북유럽의 신세대 셰프가 이끌고 있는 '새로운 북유럽 요리를 위한 매니페스토'에는 앞으로 북유럽 요리가 추구해야 할 십계명이 있다. 여기서 중시되는 것은 재료와 콘셉트는 어디까지나 북유럽다울 것. 그리고 윤리적일 것. 예를 들면 식재료가 윤리적이고 올바른 방법으로 조달되고 있는지 체크하는 것이다. 북유럽 식(食)의 현장에서는 이러한 생각이 넓게 공유되고 있다.

북유럽에서는 최근 스페셜티 커피와 크래프트 맥주 업계가 성장하면서 고급 요리와의 협력도 시작되고 있다. 핀란드에서 맥주는 '아저씨의 음료로', 젊은 세대 중에는 와인파가 늘어나고 있다고 하는데, 브루게리 헬싱키(P.64)와 같은 맥주와 함께 본격적인 고급 요리를 내놓는 가게가 등장하거나 고급 레스토랑으로 크래프트 맥주가 진출하는 등 맥주파의 반격도 주목받고 있다.

NOMA가 일본에 기간 한정으로 오픈했을 때에는 노르웨이인 바리스타 세계 챔피언인 팀 웬델보(Tim Wendelboe)가 커피를 담당했다. 이러한 셰프와 바리스타의 경연도 화제다. 참고로 P.48에서 소개한 핀란드의 바리스타 챔피언 두 명은 원래는 커피숍이 아닌 레스토랑을 개업하려고 했다고 한다. 이런 점을 미루어 보아도 핀란드에서 고급 요리와 커피의 경연을 볼 수 있는 날도 머지않은 듯하다.

전기를 사용하지 않고 조리할 수 있는 솔라 키친을 사용해 요리 퍼포먼스를 하고 있는 안토 멜라스니에미.

핀란드 대표 먹거리 BEST 3

Salmiakki 살미아키

핀란드를 대표하는 먹거리라고 하면 살미아키를 들 수 있다. 북유럽 국가 전반에서 사랑받는 검은 과자로 리코리스에 염화암모늄을 가미한 짭짤한 젤리 같은 과자다. '고무를 먹는 기분', '세상에서 가장 맛없는 사탕' 등 악평도 많지만 핀란드인은 살미아키를 사랑한다. 살미아키 맛 술과 아이스크림도 있다.

Terva 타르 술

과거 타르(Tar) 무역으로 번영했던 핀란드. 그 흔적인지는 모르겠으나 타르(소나무 수지)의 향기는 우리에게도 익숙하다. 타르 향이 나는 샴푸와 비누 외에 놀란 것은 타르 맛 술이 있다는 것. 스모키한 풍미에 살짝 달달한 맛으로 생각보다 괜찮은 맛이다.

Krovasieni 독버섯

핀란드인은 버섯 채집을 정말 좋아한다. 어떤 버섯이 먹을 수 있는 것인지도 알고 있고 독버섯을 먹는 방법도 대강 알고 있다. 코르바시에니라 불리는 독버섯은 시장에서 팔기도 하는데 아삭아삭한 식감으로 의외로 산뜻하다.

특별 추천
Tippaleipä 티팔레이파

마치 뇌와 같은 임팩트있는 모양의 티팔레이파는 노동절에 먹는 튀김과자. 맛은 도넛 같으며 평범하다.

푸드 페스티벌
레스토랑 데이

헬싱키를 대표하는 푸드 페스티벌 레스토랑 데이. 누구든지 가볍게 레스토랑을 출점할 수 있는 핀란드식 음식 축제에 빠져보자!

먹는 즐거움이 가득한 거리

Restaurant Day
레스토랑 데이

누구든지 열 수 있는 1일 레스토랑. 이런 독특한 콘셉트로 전 세계에 퍼지고 있는 도시형 음식 장터. 헬싱키는 이 축제의 본고장답게 많은 인파가 몰리며 에스플라나디 거리와 곰 공원 등 사람이 밀집되는 장소는 특히 출점 수가 많아 엄청난 혼잡이 야기되기도 한다. 가족이 함께 소박한 수제 케이크를 판매하는 가게부터 프로가 만드는 기다란 행렬이 있는 가게까지 각양각색의 음식을 즐길 수 있는 이벤트다.

초밥에서 아프리카 요리까지 글로벌한 음식들. 온 거리가 축제 같은 분위기에 휩싸인다.

현재는 매년 4회 2월, 5월, 8월, 11월에 개최. 출점자가 각각 사이트에서 사전에 등록해 사이트에 있는 지도로 출점 정보를 확인할 수 있다.

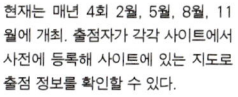 http://restaurantday.org

3 Days in Helsinki

아름다운 유리가 태어나는 장소 이딸라로

핀란드를 대표하는 유리 제조업체 브랜드이며 지금도 공장이 있는 그곳으로 떠나보자.

壁を覆っているのは'アアルトベース'を作るための大型 現在は金型で作られているが"以前は木型が使われ"何度か使用すると使えなくなったという

자연과 공존하는 유리의 성지

Iittalan Lasimäki
이딸라 유리의 언덕

헬싱키에서 북쪽으로 전철로 1시간 반 정도 걸리는 하멘린나(Hameenlinna)시에 있는 이딸라 마을. 유리 제품을 만드는 공장과 역사를 보여주는 미술관 그리고 팩토리숍이 줄지어 선 유리의 언덕은 이딸라 팬이라면 한 번쯤 방문하고 싶은 장소. 녹음에 둘러싸여 있어 소풍 기분도 느낄 수 있다.

Könnölänmäentie 2, 14500 Iittala
+358 20 439 6230

미술관
월~금 10:00 - 17:00(5~9월 초)
토·일 10:00 - 17:00(9~4월)

아웃렛
월~일 10:00 - 18:00(여름철에는 오픈 시간 연장)

헬싱키 중앙역에서 탐페레 행 근교 열차로 약 1시간 반. Iittala 역 하차. 역에서 도보 약 15분.

티모 사르파네바가 1956년에 발표한 'i라인' 시리즈. 이때까지 주로 아트피스를 만들던 사르파네바가 처음으로 만든 실용적 시리즈로 분유리의 아름다운 형태와 색이 매력적이다. 현재 이딸라의 로고는 원래 'i라인' 시리즈를 위해 사르파네바가 디자인한 것으로 1960년대 후반에 정식으로 이딸라의 로고가 되었다.

오리지널의 아름다움을 만나다

Designmuseo Iittala
디자인 뮤지엄 이딸라

원래 축사로 쓰이던 건물 내부에는 1880년대부터 지금까지의 유리 작품이 전시되어 있다. 알바 알토와 카이 프랑크가 처음으로 커다란 상을 거머쥔 작품이나 타피오 비르칼라, 티모 사르파네바 등 이딸라를 대표하는 디자이너의 오리지널 제품, 실험적 작품 다수가 전시되어 있다.

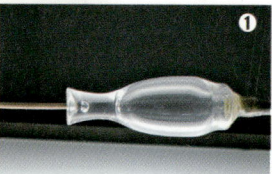

①젖은 나무 막대기를 집어넣어 유리 안에 기포를 만드는 기법을 전시.
②이딸라의 베스트셀러, 알토 베이스(화병)의 옛날 제작법. 나무틀로 만든 유리는 금속틀로 만든 것에 비해 불균일한데 이것이 마치 물과 파도를 연상시킨다.

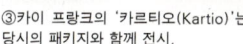

③카이 프랑크의 '카르티오(Kartio)'는 당시의 패키지와 함께 전시.
④1946년에 이딸라가 개최한 경연 대회에서 1위를 차지한 타피오 비르칼라의 '칸타렐리'. 손으로 조각한 72개의 선이 돋보인다. 나중에 상품화되었는데 오리지널은 보다 자유로운 형태.

3 Days in Helsinki 105

새가 태어나는 순간을 보다

스웨덴의 분유리 직공에 의해 역사가 시작된 이딸라. 오랜 시간 사랑받고 있는 알토 베이스와 오이바 토이카의 새 시리즈는 지금도 유리 직공들에 의해 하나하나 만들어지고 있으며 그 모습을 견학할 수도 있다. 공장 견학은 사전 예약제. 예약 및 문의는 전화 +358 20 439 6230 또는 메일 iittala.museum@iittala.com으로.

뜨거운 불 속에서 꺼낸 유리 덩어리가 눈 깜짝할 새에 아름다운 형태로. 꼬리가 자라고 부리가 생기며 친숙한 모습이 되어간다. 특별 주문 제품 등 시장에 나오지 않는 제품을 만드는 경우도 있다.

번외편

① 핀란드에서 인기가 많은 '쿨타스쿨라(Kultasuklaa)' 사의 초콜릿 숍.
② 청어와 카랼란피라카, 알토 베이스 형태 등 핀란드를 대표하는 것들의 모양을 한 독특한 초콜릿도 있다.

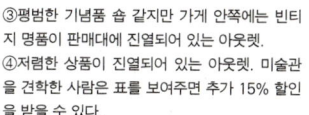

③ 평범한 기념품 숍 같지만 가게 안쪽에는 빈티지 명품이 판매대에 진열되어 있는 아웃렛.
④ 저렴한 상품이 진열되어 있는 아웃렛. 미술관을 견학한 사람은 표를 보여주면 추가 15% 할인을 받을 수 있다.

다양한 기념품

부지 안에는 팩토리 아웃렛 외에 빈티지 유리를 취급하는 가게와 기념선물로 적당한 핀란드산 초콜릿을 판매하는 가게도 있다.

오직 헬싱키에서만 가능한 마리메꼬한 하루

본고장의 마리메꼬를 마음껏 느끼고 싶다면? 팩토리숍과 직원 식당은 꼭 방문할 것.

마리메꼬 마니아의 파라다이스

Marimekko Factory Shop
마리메꼬 팩토리숍

헬싱키 중앙역에서 지하철로 여섯 정류장 떨어진 헤르토니에미(Herttoniemi)에 있는 마리메꼬 본사는 마니아들에게는 성지와도 같은 장소. 직영 팩토리숍은 저렴한 가격도 매력적이지만 지난 시즌 아이템 등 다른 점포에는 없는 라인업을 만날 수 있다. 쇼핑이 끝나면 누구나 이용할 수 있는 직원 식당으로 가보자. 테이블웨어도 식기도 모두 마리메꼬다. 직원들의 멋진 의상을 관찰하며 마리메꼬한 시간에 빠져보자.

- Kirvesmiehenkatu 7, 00880 Helsinki
- +358 9 758 7646
- 월~금 10:00 - 18:00 토 10:00 - 16:00
- https://www.marimekko.com

중앙역에서 지하철로 Herttoniemi 역 하차. 도보 약 15분.

엄청난 상품군을 갖춘 텍스타일 코너에서는 B급 상품을 저렴한 가격에 살 수 있으며 1kg당 25€에 판매하는 자투리 천 코너도 있다. 핸드메이드 제품을 좋아한다면 분명 흥분의 도가니에 빠질 것이다.

나도 모르게 같은 옷을 사고 싶어지는 직원들의 멋진 의상. 고급스럽게 놓인 소파와 우니꼬 쿠션의 조합도 멋스럽다.

행복한 런치 타임

Maritori
마리메꼬 직원 식당

인기 레스토랑 유리(P.40)가 담당하고 있는 직원 식당. 채소가 듬뿍 들어간 메뉴가 많으며 디저트도 포함된 합리적인 뷔페 스타일이다.

⏱ 월~금 9:00 - 15:00
　(런치는 10:30 - 14:00)

3 Days in Helsinki

이곳이
무민의 본고장

무민 본고장에서만 만날 수 있는
특별한 무민은 어디 있을까?
특별한 무민을 찾을 수 있는
3곳의 추천 장소.

우체국

핀란드만의 무민을 만날 수 있는 장소라고
하면 우체국. 우표와 엽서 세트는 선물로도
좋다. 봉투와 소포용 상자도 노려볼만하다.

앤티크 숍

도자기 피규어와 옛날 머그잔, 이어플레이트 등 희귀한 무민을 찾는다면 앤티크 숍이나 벼룩시장으로 갈 것!

슈퍼마켓

무민 과자와 케첩, 홍차, 음료수, 샴푸 등. 슈퍼마켓은 무민 패키지의 보물창고.

티슈와 치약에도 무민과 친구들의 모습이 그려져 있다.

수집가도 있는 부활절 계란

계란 모양 초콜릿 안에는 무민 시리즈 피규어가 들어있다. 나도 모르게 여러 개 사고 싶어지는 부활절 한정 무민.

3 Days in Helsinki 111

페리를 타고 스웨덴으로

조금 더 시야를 넓혀 스웨덴에 가보는 건 어떨까? 호화 페리를 타고 가는 선박 여행을 추천한다.

즐거움이 한 가득! 1박 페리 여행

Silja Line
실야 라인

헬싱키와 스톡홀름을 잇는 실야 라인. 13층짜리 페리는 마치 호텔을 그대로 바다 위에 띄워놓은 것만 같다. 레스토랑과 면세점, 댄스홀, 카지노, 사우나에 수영장까지 밤새 즐길 수 있는 시설이 가득하다. 배에 올라타자마자 면세점에서 술을 사는 사람, 노래방에서 열창하는 사람, 사우나를 즐기는 사람 등 여행을 즐기는 모습도 가지가지. 핀란드다운 페리 여행이 기다리고 있다.

브랜드 제품과 화장품 외에 술도 면세 가격으로 살 수 있어 현지인도 많이 구매한다. 가족 여행객도 많으며 아늑한 분위기.

1일 1편 운행. 헬싱키에서 오후에 출발해 다음날 아침 스톡홀름에 도착. 요금은 객실 단위이며 객실 등급 등의 조건에 따라 달라진다. 헬싱키-스톡홀름 구간은 1객실 128€~.

탈링크 실야 라인
http://www.tallink.com

3 Days in Helsinki 113

계절 한정 이벤트

그 계절만의 음식과 이벤트를 찾아 조금 더 특별한 여행을 즐기자.

핀란드의 크리스마스 체험

크리스마스 장식으로 거리가 화려하게 빛나는 12월. 헬싱키의 공식 크리스마스 거리인 알렉산테린 거리의 일루미네이션이 특히 유명하다. 거리에는 크리스마스의 상징인 돼지 과자와 맛있는 음식들이 등장하며 뱅쇼와 진저에일의 향이 감돈다.

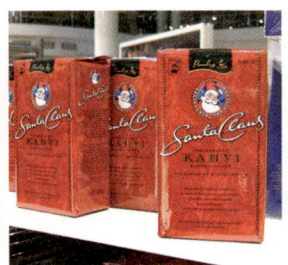

헬싱키에서 가장 북적이는 크리스마스 마켓은 에스플라나디 거리에서 개최되는 '성 토마스 크리스마스 마켓'.

매년 12월 초부터 크리스마스 전까지 개최
http://www.tuomaanmarkkinat.fi

봄 부활절

크리스마스, 하지 축제와 어깨를 나란히 하는 큰 이벤트가 바로 부활절이다. 카페와 베이커리에서는 부활절 과자를 판매하며 병아리와 토끼를 모티브로 한 제품들이 이곳저곳에서 판매된다. 아직 추운 시기지만 다가올 봄에 대한 기대가 거리에 흘러넘친다.

부활절 계란과 병아리 장식이 거리 곳곳에. 핀란드의 부활절 명물, 멤미 맛 맥주도 등장한다.

여름 펍 트램

헬싱키의 여름 명물, 펍 트램(Pub Tram). 중앙역에서부터 린나마키와 오페라 하우스 등을 지나가며 맥주를 마시면서 힘들이지 않고 헬싱키 거리를 돌아볼 수 있다. 맥주 회사 코프가 20년째 운영하고 있다. 맥주 이외에 소프트드링크도 판매한다.

운행은 5월 31일~8월 30일 화~토요일
소요시간 약 40분. 어른 9€.
중앙역 옆 미콘 거리에서 탑승.
14~20시까지 1시간 간격으로 출발.
http://koff.net/sparakoff

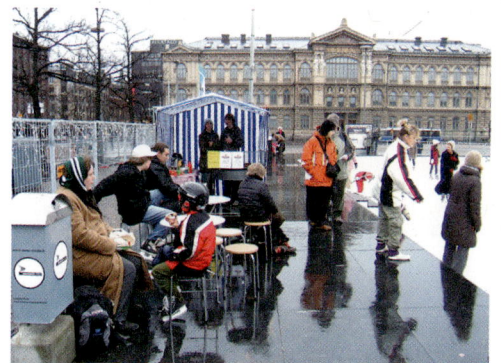

겨울 아이스 스케이트

크리스마스가 다가오면 중앙역 옆에 아이스 스케이트 링크가 오픈한다. 어린이를 위한 스케이트 수업과 주말에는 DJ가 오는 이벤트도 개최. 핫도그 판매점과 특설 카페도 생긴다.
http://icepark.fi

무민의 캐릭터 미가 그려진 패키지가
앙증맞은 전립분과 라즈베리 쿠키
(K 슈퍼마켓 P.62)

핀란드인이 사랑하는 술,
코스켄코르바. 블루베리 맛
(Alko P.67)

깜찍하고! 맛있는!
핀란드
기념품 리스트

거장 이에로 아르니오가
디자인한 분무기
(스톡만 백화점 P.93)

스웨덴 제품인 핸드 솝
(K 슈퍼마켓 P.62)

매출 일부를 어린이를 위한 병원
기금에 기부하는 스페셜티 커피
(카파 로스터리 P.18)

북유럽 베리의 분말 수프.
블루베리와 라즈베리 맛
(K 슈퍼마켓 P.62)

아라비아의 팩토리숍 한정 머그잔
(아라비아 팩토리숍 P.89)

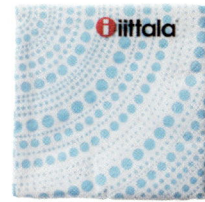

북유럽 브랜드의 페이퍼 냅킨들
(왼쪽 상단부터 소코스 백화점
P.92/ 이딸라 P.24/ K 슈퍼마
켓 P.62/ 아르텍 P.21/ 핀레이슨
P.22)

1950년대 관광 포스터의 프린트한 엽서
(소코스 백화점 P.92)

『DESIGN FINLAND』 트럼프
(아르텍 P.21)

무민 코믹스와 토베 얀손의 그림책
(아카데미아 서점 P.32)

요한나 글릭센의 미니 파우치
(요한나 글릭센 P.34)

에릭 브룬의 그래픽을
사용한 노트
(아카데미아 서점 P.32)

3 Days in Helsinki 117

현지인이 추천하는 숨겨진 명소들

헬싱키를 잘 아는 디자이너와 바리스타에게 좋아하는 장소를 물어봤다.

Lauri Pipinen
라우리 피피넨

2011년 핀란드 바리스타 챔피언
굿 라이프 커피 오너

도네르 하르유 (P.60)
칼리오 지구에 있는 케밥 가게.
매우 맛있고 마음에 든다.

Liberty or Death
한 잔 한다면 이곳.
거리 중심부에 있는 칵테일 바다.

MAT ruokakauppa
푸나부오리 지구에 있는 델리 레스토랑으로 매우 퀄리티가 높다.

Harri Koskinen
하리 코스키넨

프로덕트 디자이너

식사를 한다면 하카니에미 마켓에 있는 수프 가게 소파케이티오(P.73)나 베지테리언&비건 요리 가게인 Silvoplee를 추천한다. 쿠르눈하카(Kruununhaka) 지역에 있는 쿠르나(P.38)랑 Kolme Kruunua 도 좋다. 칼리오 지구라면 산드로(P.82)와 Kolmon3n.

술을 마신다면 유투투파(P.67)나 하카니에미 역 부근의 Cafe Talo, 그리고 칼리오 지구에 있는 DJ 바 Rytmi나 Kolme Kruunua도 좋다.

먹을거리를 찾는다면 하카니에미 마켓을 추천한다. 여름날 아침 하카니에미의 마켓 광장도 좋다.

2013년에 생긴 해변 공공 사우나 Kulttuuri Sauna에서는 핀란드다운 체험이 가능할거라 생각한다. 그리고 바다에서 낚시를 즐기는 것도 좋다.

Photo: Sakari Röyskö

Teemu Muurimäki
티무 무리마키

「FORMAL FRIDAY」 크리에이티브 디렉터
「Marimekko」 디자이너

우르욘 거리(Yrjönkatu)의 수영장
1928년에 생긴 핀란드에서 가장 오래된 실내 수영장. 헬싱키 중심에 위치하며 정말 아름다운 장소다. 핀란드식 사우나를 체험할 수 있다.

Signora Delizia
카타야노카에 있는 카페테리아에서 이탈리아인 오너가 본고장의 커피를 만들어준다. 가게는 토베 얀손 공원 바로 근처에 있고 여름에는 수제 젤라또를 공원에서 판매한다. 그 젤라또도 추천한다.

FLOW Festival
http://www.flowfestival.com
핀란드 여름의 하이라이트라고 하면 바로 이것. 수빌라티(Suvilahti)라고 하는 지역에서 매해 8월에 개최되는 음악&아트 페스티벌. 전 세계 음식도 함께 즐길 수 있다.

Juho Viitasalo
유호 비타살로

산업 디자이너

대성당 근처에 있는 Qulma. 조식과 런치가 있는데 런치의 수프가 맛있다. 건더기도 여러 가지가 들어가 있어서 먹고 나면 배가 부르다. 참고로 가게 이름은 핀란드어로 코너라는 의미다. Wifi도 있다.

항구 앞 카우파토리 포장마차에서는 연어를 파는 가게가 몇 군데 있는데 맛있다.

아카데미아 서점(P.32) 안에 있는 카페 알토도 좋다. 이곳도 Wifi가 있다.

스톡만 백화점 8층에 있는 Fazer 8th Floor의 샐러드도 추천한다. 양이 굉장하다. 클루비 거리에 있는 파제르 카페(P.28)도 물론 추천한다.

키르코 거리(Kirkkokatu)는 차를 세워두기 좋다. 특히 대성당과 핀란드 은행 사이는 왜인지는 몰라도 비어있는 경우가 많다.

Endo Etsuro
엔도 에츠로

20년 이상 전부터 헬싱키를 알고 있는 엔도 에츠로 씨. 정보통이며 핀란드 현지인과의 인맥도 넓은 엔도 씨에게 꼭 가봐야 할 곳을 물어봤다.

2007년에 핀란드로 이주하여 헬싱키 교외에서 개인 사무소 Etsuro Design을 운영. 핀란드와 일본의 디자인 기업·문화 관련 단체 등을 주 고객으로 일하며, 번역가 및 여행 코디네이터로서도 활약하고 있다.

Toukka
토우까

핀란드의 어린이 그림책과 아동서에 특화된 작은 책방. 귀여운 일러스트가 그려진 그림책이 가게 안에 가득해 북유럽풍 그림을 좋아하는 이들에게는 행복한 장소일 것이다. 대형 서점에서는 취급하지 않는 절판된 책도 다수 보유하고 있어 이곳에서만 손에 넣을 수 있는 책과 만날 수 있을지도 모른다. 그림책의 원화 전시와 낭독 이벤트 등도 개최된다. 칼리오 지구의 카페 탐방과 함께 들러보면 좋을 듯 하다.
여름철에는 클래식한 왜건 버스로 다양한 이벤트 회장으로 출장 점포를 열고 있다. 토우까란 핀란드어로 책벌레 유충을 의미한다.

📍 Fleminginkatu 8
00530 Helsinki
🕐 수-금 13:00 - 17:30
　토 11:00 - 16:00
🌐 http://www.toukka.fi
칼리오의 곰 공원에서 북쪽으로 한 블록. 양사(P.57)의 옆.

Maja Coffee Roastery
마야 커피 로스터리

핀란드인 남편과 일본인 아내가 경영하는 로스터리 카페. 독자적으로 수입한 원두를 직접 로스팅한 오리지널 커피는 현지 유명 카페와 숍에서도 판매될 정도로 인기다. 수제 케이크도 추천. 주인 부부와 핀란드에서의 생활과 커피에 대해 즐겁게 대화할 수 있다. 카페는 알토 저택과 스튜디오가 있는 무소키니에미와 알토 설계 캠퍼스(구 헬싱키 공과대)를 잇는 아름다운 섬을 따라 난 길가에 있다. 바로 가까이에 있는 바다를 전망하는 미드센추리 주택을 개조한 미술관 디트리첸(http://www.didrichsenmuseum.fi)도 꼭 들러볼 것.

📍 Lehtisaarentie 1
00340 Helsinki
🕐 수-금 12:00 - 17:00
　토 12:30 - 17:00
🌐 http://majacoffee.fi
중앙역에서 버스 195번으로 약 20분. Lehtisaarentie 버스정류장 하차. 알토 대학 오타니에미 캠퍼스에서 도보 약 15-20분.

사진제공 : 엔도 에츠로

제가 묵어봤습니다! 헬싱키의 호텔

헬싱키에 많은 지점을 운영하는 소코스 호텔. 중앙역 앞 **소코스 바쿠나**(①)는 1952년 헬싱키 올림픽 때 세워진 호텔로 당시의 분위기를 풍기는 북유럽풍의 모던한 로비와 객실이 멋스럽다. 조식을 먹는 레스토랑은 10층에 있으며 테라스 전망도 멋지다. 헬싱키의 랜드마크적인 존재, **소코스 토르니**(②)도 최상층 바의 야경이 유명하다. **소코스 프레지덴티**는 많은 호텔이 휴업하는 크리스마스 당일에도 영업하며 사우나에 수영장이 함께 들어서 있는 점도 좋다.

무인 호텔로 인기 있는 **오메나 호텔**. 방마다 전자레인지가 있으며 간단한 식사가 가능한 점도 편리하다. 근처 카페에서 조식을 먹는 서비스도 있다. 젊은이나 배낭 여행객이 많으며 시끄러울 때도 있는 것이 단점이라면 단점. 스톡홀름과 코펜하겐에도 지점이 있다.

가격과 품질의 균형이 좋아 마음에 드는 곳이 **쿠무루스 호텔**. 하카니에미 역 앞 쿠무루스 하카니에미는 굉장히 입지가 좋으며 바로 앞에 하카니에미 마켓이 있다. 슈퍼마켓과 키오스크, Alko, 우체국도 가까워 여러모로 편리하다. 쿠무루스 계열 호텔은 그 외에 카이라니에미(현 알토 대학 역)와 칼리오에도 있다.

조금 색다른 곳으로는 1903년에 세워진 아르누보의 성을 개장한 **GLO 호텔 아트**(③). 외관과 입구는 클래식한 분위기며 객실 내부는 핀란드 디자이너와 공동작업한 깔끔하고 모던한 느낌이다.

Original Sokos Hotel Vaakuna
Original Sokos Hotel Presidentti
Solo Sokos Hotel Torni
https://www.sokoshotels.fi

Omena Hotels
http://www.omenahotels.com

Hotelli Cumulus Hakaniemi
https://www.cumulus.fi

GLO Hotel Art Helsinki
http://glohotels.fi

3일 동안 헬싱키 한 바퀴
with 핀에어

'3일 동안 헬싱키 한 바퀴'를 여행할 때 추천하는 항공사는 바로 핀에어. 추천하고 싶은 세 가지 이유를 소개한다.

1 빠르고 편리

헬싱키까지 직항을 운영하고 있다는 것이 그 첫 번째 이유. 인천국제공항에서 직항 편을 운항하고 있으며 약 9시간 30분이 소요된다. 이는 어떤 항공사보다 가장 빠르고 가까운 루트. 그리고 유럽 60개 이상의 도시로 운항하는 비행편도 있는데 예를 들면 파리와 바르셀로나를 여행하다가 헬싱키에 들르거나 오로라 여행과 헬싱키 도보 여행을 조합하는 등의 방법도 있다. 서비스가 좋기로도 유명한데 여행업계 관계자가 뽑은 TTG 트래블 어워드에서 유럽 베스트 항공사로 2013년과 2014년 연속으로 선출되었다.

핀에어 http://www.finnair.com/kr

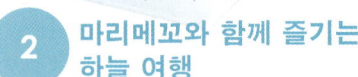

2 마리메꼬와 함께 즐기는 하늘 여행

2013년부터 마리메꼬와 디자인 제휴를 시작. 종이컵과 페이퍼냅킨, 담요 등 기내에서 자주 쓰이는 물건들이 마리메꼬 무늬로 탈바꿈했다. 비즈니스 클래스에서는 마리메꼬와 이딸라의 식기로 식사 및 커피 서비스가 제공된다. 북유럽 디자인과 마리메꼬를 좋아하는 이들에게는 꿈과 같은 비행이 기다리고 있다. 운이 좋으면 우니꼬 무늬가 그려진 기체에 탈 수 있을지도 모른다.

탑승이 즐거워지는
핀에어 간단 상식

핀에어 또는 핀란드 항공이 정식 명칭. 산타클로스와 무민의 오피셜 캐리어(공인항공회사)이기도 하다. 헬싱키뿐만 아니라 스톡홀름 등의 북유럽 국가에 갈 때도 핀에어를 이용하면 좋다. 기내에서 사용되고 있는 마리메꼬 디자인은 우니꼬 무늬를 창조한 마이야 이솔라가 50~60년대에 디자인한 패턴.

3 마일리지로 북유럽 쇼핑

마일리지가 쌓이기 전에 유효기간이 끝나버려 아쉬운 사람들에게 희소식. 핀에어의 마일리지 플랜 '핀에어 플러스'는 쌓여있는 마일리지를 바우처(금액권)로 교환해 기내 판매에 사용하거나 온라인 숍에서 마일리지를 사용해 쇼핑할 수 있다. 온라인 숍에서는 마리메꼬의 핀에어 한정 아이템과 다양한 북유럽 아이템도 취급하고 있다.

3 Days in Helsinki 125

푸 발리아에서 만난 사람들

핀란드인이 되는 방법

검고 딱딱한 빵을 먹는다. 커피를 많이 마신다. 맥주를 많이 마신다. 마리메꼬를 일상적으로 입는다. 집안을 편안하게 만든다. 계절별 행사를 소중하게 생각한다. 숲에 간다. 버섯을 채집한다. 감기에 걸리면 베리를 먹는다. 실용성을 중시한다. 억지웃음은 짓지 않는다. 품질과 디자인이 좋은 제품을 고른다. 햇빛을 가능한 한 많이 쬔다. 얼어붙은 설산을 능숙하게 걷는다. 가족을 소중히 대한다. 세상이 조금이라도 좋아지는 방법을 고른다.

처음 핀란드를 방문한 지 벌써 10년이 지났습니다.
여러 번 방문하다 보니 어느새 핀란드 사람처럼 생각하게 되었습니다.
그것이 저의 재산입니다.

핀란드의 사람과 생활을 알 수 있는 여행서.
여행이 끝난 뒤에 읽어도 재밌는 책.
그런 것을 염두에 두고 이번 책을 썼습니다.

다가올 하루하루가 더욱 재밌어지는 여행,
또 핀란드에 가고 싶어지는 여행이 되는 데 조금이라도 보탬이 되었으면 좋겠습니다.

마지막으로 이 책을 완성되기까지
협력해주신 모든 분께 감사드립니다.

헬싱키에 체류할 때부터 책 내용 상담까지 아낌없이 협력해주신 엔도 에츠로 씨.
취재에 응해주고 핀란드에 대해 알려주신 헬싱키의 모든 분. 일본의 모든 분.

책을 만들 기회를 주신 출판사의 아라키 씨,
취재에 동행하여 현장에서 도와준 푸드 코디네이터 쿠라 씨,
그리고 함께 취재하고 사진을 찍어 귀여운 책으로 완성해준 디자이너 남편.
여러분 덕분에 멋진 한 권의 책이 완성되었습니다.
진심으로 감사드립니다!

책을 만드는 동안
다시 핀란드가 그리워졌습니다.

모리 유리코

Kiitos!   Kiitos!   Kiitos!

참고문헌
『LIVING DESIGN』 2003년 11월호 「핀란드 숲의 디자인」
『TORi』 2005년 5월 창간호 「이바나 핀란드!」
　　　　 2006년 5월 제3호 「어서오세요 피스카르스 마을에」
　　　　 2007년 7월 제5호 「빈티지가 된 모던 디자인」
　　　　 2008년 9월 제6호 「맛있는 핀란드」
　　　　 핀란드 정부 관광국/ 6호는 핀란드 대사관 상무부)
『Esquire』 2002년 10월호 「북유럽으로, 슬로우 라이프를 찾아서」(에스콰이어 매거진 재팬)
『북유럽 핀란드의 빈티지 디자인』 안나 카이사 후스코 지음(파이 인터내셔널)
『Kerää ja kata』 Suvi Routsi 지음

Barista Magazine   http://barostamagazine.com
Nordic Coffee Culture http://nordiccoffeeculture.com
Aikapaikka   http://www.aikapaikka.com
Visit Helsinki   http://www.visithelsinki.fi

Original Japanese title: Mikka de mawaru hokuo in helsinki

ⓒ 2015 by Yuriko Mori
Original Japanese edition published by Space Shower Networks Inc.
Korean translation rights arranged with Space Shower Networks Inc.
Through The English Agency (Japan) Ltd. and Eric Yang Agency, Inc.

Special Thanks to　　Etsuro Endo
　　　　　　　　　　핀란드 대사관 핀에어　Artek Japan　Kristiina Kobayashi　Lauri Pipnen
　　　　　　　　　　Harri Koskinen　Henrik Bruun　Teemu Muurimäki　Juno Viitasalo
　　　　　　　　　　Mitsuru Sato　Katja Arkoma　Andrea Säderholm　Maria Härkäpää
　　　　　　　　　　Satu Jakonen　Hanna Kujala　Aleksi Juusijärvi　Sanni Sointula　Takae Iikura

3 DAYS in Helsinki
3 데이즈 in 헬싱키

초판 1쇄　2015년 8월 28일

지은이　모리 유리코

발행인　양원석
사업단장　김경만
본부장　김재현
편집장　고현진
책임편집　백혜성
번역　조은주
해외저작권　황지현, 지소연
제작　문태일
영업마케팅　정상희, 우지연, 김민수, 장현기, 이영인, 정미진, 이선미

펴낸 곳　(주)알에이치코리아
주소　서울시 금천구 가산디지털2로 53 한라시그마밸리 20층
편집 문의　02-6443-8932　**구입 문의**　02-6443-8838
홈페이지　http://rhk.co.kr
등록　2004년 1월 15일 제 2-3726호

ⓒ 2015 알에이치코리아

ISBN 978-89-255-5704-5(13980)

※ 이 책은 (주)알에이치코리아가 저작권자와의 계약에 따라 발행한 것이므로
　 본사의 서면 동의 없이는 어떠한 형태나 수단으로도 이 책의 내용을 이용하지 못합니다.
※ 잘못된 책은 구입하신 서점에서 바꾸어 드립니다.
※ 책값은 뒤표지에 있습니다.

조금은 천천히,
마음으로부터 보내는 엽서.

● 특별한 오늘을 기록하는, 스냅스 엽서팩 (10매) ●

소중한 이에게 전해주고 싶은 10장의 사진,
낯선 곳에서의 기록을 스냅스와 함께 하세요.

 :snaps

스냅스 엽서팩 10장
무료 제작 쿠폰

쿠폰 번호 : AC5B14E1 - 7174 - 11BD
(7,900원 상당)

※ 스냅스 회원가입 후 사용 가능

무료쿠폰

특별한 여행의 기억,
스냅스와 함께하세요.

01 여행 포토북

여행지에서의 추억과 설레임을
책으로 만들어 간직하세요!

02 사진인화

스냅스만의 고급 사진인화로 그때의
감동을 더 생생하게 전해드려요!

03 캘린더

365일 함께 할 나의 소울메이트.
달력에 나의 추억을 담아보세요!

04 핸드폰 케이스

언제 어디서나 함께하는
세상에 하나뿐인 나만의 케이스!

스냅스 모바일 앱과 웹사이트 (www.snaps.kr) 에서 더 많은 상품을 만나보실 수 있습니다.

무료쿠폰

쿠폰 적용 상품

스냅스 엽서팩 (10장) / 모바일 전용 상품

유효기간 : ~2016년 2월 29일 까지
사용방법 : 본 쿠폰은 스냅스 모바일앱 에서만 사용 가능합니다.
로그인 후 쿠폰을 등록하면 사용 가능 합니다.
등록된 쿠폰은 마이스냅스 〉 쿠폰관리에서 확인 가능합니다.
쿠폰은 1인 1매 사용가능하며, 중복 사용은 불가 합니다.